Georg Hösler-Weiß

Startelf

© 2013 Georg Hösler-Weiß

Herstellung und Verlag: BoD – Books on Demand, Norderstedt

ISBN: 9 783732 243464

Bibliografische Information der Deutschen Nationalbibliothek
Die Deutsche Nationalbibliothek verzeichnet diese Publikation in der
Deutschen Nationalbibliografie; detaillierte bibliografische Daten sind im
Internet über www.dnb.de **abrufbar.**

Meinen Kindern,

durch die ich die Plätze und Hallen des
Landkreises kennenlernen durfte

Meiner Frau,

die immer auf der Tribüne auf mich aufpasst, dass
ich keine Dummheiten mache

Das Buch

Im Fußball gelten unumstößliche Wahrheiten. So dauert etwa ein Spiel 90 Minuten und es gewinnt, wer die meisten Tore schießt.
Nicht so im Jugendfußball. Hier dauert ein Hallenspiel nur zehn Minuten und es gewinnt mitnichten stets derjenige, der die meisten Tore schießt. Der Hauptfaktor, der über Triumph und Niederlage entscheidet, sitzt auf der Tribüne: der Faktor *Spielermutti*!

Der Autor

Georg Hösler-Weiß wurde 1973 geboren.
Seit inzwischen acht Jahren fährt er mindestens eines seiner Kinder pro Wochenende zu einem Punktspiel.
Er selbst hat nie aktiv Fußball gespielt.

(Mehr unter: georghoeslerweiss.jimdo.com)

Umschlagbild

Bettina Weiß, Kaltnadelradierung 10x10 cm, 2002

Zeichnungen
Die Zeichnungen stammen aus der Feder von Glenn Wilke.

Personen- und Ortslexikon

Ortschaften (und deren Vereine):

FC Obenplatenbüttel:

Der Heimatverein unserer Helden. Obenplatenbüttel wurde bereits vor 1100 Jahren urkundlich erwähnt und liegt am Rande der Lüneburger Heide.

SC Neuelmkot:

Unaussprechlicher Verein eines unaussprechlichen Dorfes, das leider die Samtgemeindeverwaltung auch für das Dorf unserer tapferen Helden beheimatet. Obwohl sie einst durch den Bau der Autobahn 399c räumlich voneinander getrennt wurden, konnte Obenplatenbüttel die Eingemeindung nicht verhindern.

SV Elmborn:

Verein der Kreisstadt Elmborn, Kreis Elmborn.

Personen:

Alle Personen und Orte, die in diesem Buch auftauchen, sind erstunken und erlogen und entspringen einzig meiner sonderbaren Phantasie. Einige Ereignisse könnten so vorgekommen sein, aber nicht in Zusammenhang mit den ohnehin erfundenen Personen.

Sollte jemand glauben, sich wiederzuerkennen, so möge er sich sicher sein, dass er sich selbst wahrscheinlich viel zu wichtig nimmt.

in den Nebenrollen:

Hein:

- Kollege von Horst
- Alter Fußballfreund

Karl / Karlchen:

- Mannschaftsführer mit Stammplatz
- Gundis Sohn

<u>Andi:</u>

- Vater von Claudius
- Ehemann von Meike
- Administrator der Seite „Braunschweigfans_around_the_world.de"

Gundi:

- Mutter von Karl
- Exfrau von Gerd
- Fleischereiaushilfsverkäuferin bei „Metzgerei Calberlah"

Hilde:

- Mutter von Gilbert mit sudetendeutschen Wurzeln

Horst:

- Trainer
- Platzverweiskönig der Oberliga 1986
- Mann von Cindy
- Vater von Daisy (1.Klasse)

<u>Vera:</u>

- Mutter von Sönke

Wiebke:

- Mutter von Melvin
- Elternvertreterin in der Notenkonferenz
- Frau von Christian

Prolog

Freitag

Hilde

Ich stehe seit Stunden in der Küche. Das ist so, wenn man Kinder hat. Ich habe zwar nur eins, meinen Gilbert, aber dafür spielt der Fußball. Morgen ist Spieltag und unsere Mannschaft macht Hallenverkauf. Eigentlich machen immer nur die gleichen Eltern den Verkauf, die anderen haben immer wieder irgendwelche Gründe, nichts zu machen. Einige Muttis gucken zwar dann alibimäßig mal hinterm Tresen vorbei, aber spätestens, wenns ans Spülen geht, dann haben die ne Zigarette, nen Kaffee oder sonstwas in der Hand, aber keinen Besen. Wenn das Geld dann aber für eine Weihnachtsfeier oder so verwendet wird, fressen deren Blagen am meisten. Ich bin vorhin drei Supermärkte angefahren, um die letzten zehn Pakete Aufbacklaugenbrezeln zu besorgen, die es im Umkreis von zehn Kilometern noch gab. Ein Teil wird heute schon aufgebacken, der Rest morgen frisch. Parallel back ich noch nen Kuchen. Am liebsten würde ich ja drei backen, weil nie sicher ist, ob die anderen, die sich in die Liste eingetragen haben, wirklich was mitbringen und ob das dann auch so genießbar ist, dass wir uns nicht vor den Eltern aus Neuelmkot schämen müssen. Das wäre echt peinlich. Bei denen gibt's immer so kleine Obstsalatbecher, wie man die immer am Bahnhof in großen Städten kriegt (und damit meine ich wirklich große Städte, so wie Hannover oder so, nicht wie Elmborn, unsere Kreisstadt, in die wir samstags immer zum Einkaufen fahren.), aber ich finde, wir sollten nicht alles nachmachen. Außerdem braucht man an einem langen Fußballtag eher mal was Handfestes, anstatt nem halben Nachtisch. Apropos Elmborn. Die mögen wir eigentlich nicht gerne. Holen alle Talente aus der Region, gewinnen ohnehin immer, dabei gehen schon auch mal (eigentlich immer) Gegenspieler zu Bruch. Ein gebrochener Fuß oder ein ausgetretener Zahn waren es schon bei uns in der Mannschaft. Aber auf die treffen wir erst in der Finalrunde. Dass wir uns dafür qualifizieren, sollte eigentlich klappen. Wir sind gerade Tabellenführer in der Staffel. Vielleicht ist ja morgen schon alles in trockenen Tüchern.

Unsere Jungs sind jetzt in der unteren E-Jugend und spielen teilweise seit fünf Jahren zusammen. Trotz diverser Rückschläge machen unsere Jungs echt gut oben mit. Zum großen Erfolg hats zwar nie gereicht, aber der Horst hat schon tolle Arbeit geleistet. Am Anfang hab ich mir immer noch die Filme vom Andi angeschaut, die er nach jedem Spieltag bei YouTube eingestellt hat, die Links hab ich sogar der Verwandtschaft geschickt, aber nach all den Jahren ist das auch nicht mehr so spannend, vor allem, wenn man ohnehin jedes Spiel vor Ort ist.

Augenblick, das Telefon klingelt, Gundi ist dran: „Nee, Gundi, schön dass Du nachfragst, aber ich wollte sowieso gleich noch zehn Liter Waffelteig anrühren, das wäre doch doof, wenn der nach der Hälfte dann anders schmeckt." „Okay, dann sehen wir uns morgen, aber bring doch bitte dein Waffeleisen mit." Ich lege auf, ich mache noch zehn Liter Waffelteig, putze Gilberts Fußballschuhe und packe seine Tasche. Das könnte er zwar auch selbst machen, aber am Wochenende soll er ja auch mal frei haben.

Woche 1

Samstag - nach dem vorletzten Spieltag der regulären Hallensaison

Horst

Immer die gleiche Frage: „Bin ICH im Kader ?", „Werde ich in der Startelf stehen?", „Warum eigentlich StartELF?" möchte ich gleich hinterherfragen. Wenn es eine Elf in der Halle gäbe, hätte ich keine Sorgen mehr. Dann müsste ich jeden noch so talentfreien Bengel auf den Platz stellen, der in ein grüngelbes Trikot unseres schönen Obenplatenbüttel passt (und selbst diejenigen, die nicht so gut reinpassen), um die Mannschaft voll zu kriegen, wir würden von Elmborn halt immer Haue kriegen, aber ich würde nicht immer nach jedem Spieltag mit offen zur Schau getragener Abneigung gestraft. Vera ist einfach abgezogen, hat die Tasche von Sönke über die Schulter geschmissen und ist raus aus der Kabine zum Kaffeestand gerannt. Hab ihr noch hinterhergerufen: „Sehn uns ja nächste Woche wieder beim Training", die hat aber nichts dazu gesagt, nur Wiebke zugezischt: „komm, noch ein Käffchen, wir müssen reden!"

Wiebke

Eigentlich wollte ich mit Melvin gleich nach Hause. Christian hatte Schicht und müsste eigentlich schon zu Hause sein. Melvin hätte ihm bestimmt gern erzählt, dass die Quali für die Finalrunde der Kreismeisterschaft schon vorzeitig klar ging. Er hat dabei allein im ersten Spiel dreimal getroffen. Ich hätte vor Freude weinen können. Nicht, dass er sonst nicht so oft trifft, aber heute waren auch die Stützpunkttrainer (heißen Maik und Franz – kein Witz!) vor Ort. Das konnten die nicht übersehen haben! Haben sie auch nicht! Leider saß Melvin die nächsten beiden Partien fast durchgängig auf der Bank und bemerkte auch einmal nicht, dass Horst ihn reinnehmen wollte, obwohl er ja, wie ich zugeben muss, wirklich etwas blass wirkte. Kein Wunder eigentlich. Heute morgen hatte er noch 39,1, habe ihm aber sicherheitshalber gleich zwei Paracetamol500-Zäpfchen in seinen süßen Sportler-Po geschoben, damit er die heutige Chance nicht einfach ungenutzt lässt. Ich finde, manchmal muss man auch mal die Zähne zusammenbeißen, wenn man Erfolg haben will. Wir bekamen früher auch nichts geschenkt....

Als ich dann zwischendurch mal beim Kaffeeausschank ausgeholfen habe, hab ich den beiden dann extra zwei mal Kaffee gebracht. Aber nicht den Scheiß, den wir den anderen Eltern hier verkaufen. Ich hatte extra ne Thermosflasche „African Blend" von zuhause mitgebracht. Man will ja gut in Erinnerung bleiben.

Andi

Unsere Jungs haben das letzte Spiel gemacht, aber ich sitze noch auf der Tribüne und erfreue mich noch des guten Platzes, den ich abbekommen habe. Den brauch ich auch zum Dokumentieren der Spiele. Seit ich mir letztes Jahr an Weihnachten eine HD-Cam zugelegt habe, habe ich mehrere Terabyte Spielmaterial unserer unteren E-Jugend zusammengesammelt. Irgendwann schneide ich das mal alles zusammen und mach ne mehrstündige Doku draus.

Mein Claudius kommt da zwar nicht so oft vor, aber er ist auch ein wenig eingeschränkt. Meine Meike sagt, er hat irgendwas mit dem Stoffwechsel. Während seine Mannschaftskameraden noch duschen, kommt er schon zu mir, um mich nach Geld für Mittagessen zu fragen. Ich geb ihm nen Zehner, damit er mir auch ein Paar Würste mitbringen kann. Eigentlich schmecken die mir hier nie. Sind aus der Metzgerei „Calberlah". Ein Bekannter hat mir erzählt, dass da nur Hirn und Knorpel drin wär, aber Horst besteht drauf, dass wir die für den Hallenverkauf immer da holen, weil die uns auch immer einen Zuschuss zu den Trikots geben.

Hilde

Helfen beim Kaffeestand ist Ehrensache. Dass man dabei natürlich auch noch dafür sorgen kann, dass die Portionen stimmen, ist ein angenehmer Nebeneffekt. Mein kleiner Gilbert weiß, wann ich hinterm Tresen stehe und kommt pünktlich, als ich die Rüschenschürze umgelegt habe. Bockwurst liebt er, außerdem habe ich schon einen Teller mit Kartoffelsalat gefüllt, bevor der ausverkauft ist. Hinter den Bockwurstdosen habe ich noch ein Glas mit langen Schinkenkrachern gefunden. Ich gehe einfach mal davon aus, dass die das Gleiche kosten und bevor mir einer was anderes sagt, frage ich sicherheitshalber nicht nach. Gilbert muss zwar ein wenig warten, bis die neuen Würste auch warm sind, dafür hat er nen Mittagsteller, der einer Mutter würdig ist. Nicht so eine popelige Portion, wie die Kinder von ihren Müttern bekommen, die ihren Ranzen selbst in die Klasse tragen müssen, geschweige denn, sogar allein zur Schule laufen müssen. Die restlichen vier Schinkenkracher holt sich Claudius, der dicke Sohn vom dicken Andi. Der hat ihm bestimmt wieder einfach nen Fünfer in die Hand gedrückt, damit er selbst nicht seinen Kameraplatz aufgeben muss. Wofür der den ganzen Kram mitfilmt, weiß keiner. Fürs Familienarchiv können die Aufnahmen seines Sprösslings – wenn er denn mal auf den Platz darf - nicht sein. Die würde man als Eltern eher verschwinden lassen.

Wiebke

Eigentlich hatte ich auch ne Dose extra langer Schinkenkracher dabei, damit Maik und Franz nicht an den kurzen Bockwürsten, die wir hier für nen Euro verticken, verhungern müssen und dabei am

Ende Melvin doch übersehen. Die hat das hohle Stück von Hilde einfach zu den anderen Würsten in den Topf gekippt und verkauft. Ohne sich zu wundern, warum die Dose anders aussieht. Dämliche Kuh! Hoffentlich konnt ich zumindest mit dem Kaffee punkten. Mit nach Hause war nichts. Vera nimmt mich beim Verlassen der Kabine noch mal zur Seite. „Wir müssen reden. So geht das nicht weiter." Eigentlich will sie sonst, wenn wir uns sehen, nie mit mir reden. Das macht sie sonst nur mit den Muttis, die genauso kurze Röcke tragen und tragen können wie sie selbst. Dafür muss mein Mann Christian dann halt mal warten. Wenn er so hungrig ist, wie er immer tut, könnte er ja selbst mal nen Schlag in der Küche tun. Faules Stück!

Vera

So nen Brast hatt ich selten. Was fällt dem Arsch ein. Sönke sagt im letzten Spiel des Tages, dass er lieber draußen bleibt, als Horst ihn reinbringen will. Sagt, dass Karl lieber auf dem Platz bleiben solle, damit sie das Ergebnis sicher über die Zeit bringen, anstatt ihn gegen Sönke auszuwechseln. Horst, der Arsch klopft ihm nur auf die Schulter, als wären die beiden alte

Sauffreunde, und hört auf ihn, lässt Karl, der sich ohnehin für wer weiß wen hält, durchspielen. Wieso hab ich Horst wochenlang belagert, um Sönkes Einsatzzeit zu steigern, wenn er im entscheidenden Moment doch auf das dumme Geschwätz meines Sohnes hört. Wie oft soll ich dem gänzlich hirnfreien Fußballproleten eigentlich noch sagen, dass einzig und allein eine Mutter wissen kann, was für ihr Kind gut ist?

Ich kenne ihn eigentlich schon aus der Schulzeit. Damals glaubten viele, er könne es mal schaffen mit dem Fußball. Ich habe mich sicherheitshalber auch mal recht erfolgreich an ihn rangeschmissen. Als das Angebot von 96 damals auf sich warten ließ, hab ich mich dann anderweitig orientiert. Als ich ihn dann – als ich nach dem Studium wieder hier in der Gegend gelandet war – als Jugendtrainer von Sönke wiedergetroffen hatte, habe ich das als durchaus positiv empfunden. Man weiß ja nie, wofür es gut ist, Leute zu kennen.

Aber jetzt muss gehandelt werden. Ich brauche jetzt einen Alliierten, oder besser eine Alliierte. Wenn es darum geht, in die Geschichte steuernd einzugreifen, muss eine Frau die Initiative ergreifen. Besser: eine Mutter! Wo Väter zaudernd zuschauen und sich hinter Floskeln wie „Sportsgeist" verstecken, um sichs nicht mit dem Trainer zu verscheißen, kann und muss eine Mutter ihre Frau stehen. Beim Verlassen der Umkleide hab ich Wiebke zu mir zitiert. Obwohl ich hoffe, dass mich niemand meiner weiteren Bekannten mit ihr – oder besser mit ihrem mal wieder an Geschmacklosigkeit nicht zu überbietendem Outfit – sieht, habe ich sie zum Kaffeestand bestellt. Noch bevor ich den pickligen C-Jugend-Spieler, der auch beim Verkauf hilft, *so klein mit Hut gemacht habe*, weil es keinen Süßstoff gibt, und der sich gleich auf sein Rad geschwungen hat, um die Lücke im Sortiment durch die privaten Vorräte seiner Oma, die gleich hinter der Turnhalle im alten Ortskern wohnt, aufzufüllen, kommt Wiebke endlich. Sie zu überzeugen, dass wir nur *zusammen* verhindern können, dass dieser Karl (oder Karlchen, wie Gundi das arroganteste Kind, das ich jemals gesehen habe, nennt) unseren Kindern die Zukunft versaut.

Andi

Claudius bringt mir zwei Würste, die überraschenderweise schmecken. Sagt, dass das die letzten beiden von der Sorte waren. Die Eltern hinter ihm hätten kleinere abgekriegt und sich tierisch aufgeregt. Glück muss man haben. Und das nur, weil ich Claudius nicht zwinge, mit den anderen duschen zu müssen. Ist eh nicht so gut für die Hautflora hat mir ein Nachbar gesagt. Anfangs gabs da immer Zoff in der Mannschaft, aber da bleib ich stur. Ich lass mir ja auch nicht von anderen sagen, wie oft ich mir die Zehennägel schneiden soll. Horst ist ja wirklich ein echt guter Typ, aber als er dann noch sagt, dass es beim gemeinsamen Duschen auch ums Gemeinsame an sich geht, hab ich ihm gesagt, dass sich die „soziale Funktion" des gemeinsamen Duschens doch eher auf Arschficker und sonstige Tunten beziehen lässt, oder ?, is doch so…? Außerdem habe ich immer zwei Sporttaschen Wechselsachen für Claudius dabei. Falls er mal wider Erwarten ins Schwitzen kommen sollte, hätten wir was zum Umziehen da.

Horst

Und da waren alle weg! Ich war allein in der Kabine. Ach nee, ein Schnaufen hinter mir verrät, dass Gilbert auch noch da saß. Eigentlich höre ich nicht Gilbert, sondern dessen Mutter Hilde, die ihm gerade die Schuhe bindet.

„Na, Gilbert, was machste denn, wenn deine Mutter mal nicht da ist?" Gilbert hat es gar nicht nötig, mir zu antworten, das erledigt Hilde gleich auch für ihn mit: „Nee, sonst kann er das schon selbst, aber nachm Spieltag ist er immer so geschafft, da mach ich das mal für ihn."

Hilde

So, ich schaue noch einmal durch die Kabine und sammle die letzten Socken ein. Die Tasche mit den Trikots hat niemand zum Waschen mitgenommen. Egal, mach ich das halt, mir macht das nichts aus. Einer muss es ja machen. Dass die anderen das immer vergessen.… Ich verstehe das nicht. Die Kinder sollen doch in frischen duftigen Hemdchen spielen, sonst machts doch keinen Spaß……

Sonntag

Andi

Sitze am Rechner, um die Aufnahmen des Wochenendes zu sichern und ins Netz zu stellen. Überprüfe dabei, wie oft die Aufnahmen der Vorwoche angeschaut wurden. Immerhin vier mal, wobei dreimal davon ich selbst war, als ich überprüfen wollte, obs vollständig hochgeladen hat und danach, als ichs Meike und Claudius noch mal vorgespielt habe. Eigentlich kriege ich von den Spieltagen nicht so viel mit, weil ich das Feld immer nur auf dem kleinen Display sehe. Mir fällt auf, dass Horst unseren Claudius eher in der Hinterhand behält und ihn lange schont, damit er die Chance hat, kurz vor Spielende noch einmal als Joker zu stechen. Hat diesmal leider wieder nicht geklappt, ist aber egal, da die Spiele ohnehin vorher schon recht klar entschieden waren. Wenn Claudius unzufrieden wäre, würde ich einfach einen neuen Verein suchen. Ich denke, einen so stämmigen Spieler würde jeder Club der Region mit Kusshand nehmen. Vorerst verzichte ich aber drauf, vor allem, weil Horst ein so netter Kerl ist.

Wiebke

Wir kommen gerade vom Krankenhaus. Melvin ist gestern nach dem Spiel zusammengebrochen. Wir sind dann direkt zum Notdienst im Krankenhaus gefahren, weil unser Hausarzt auch nicht an sein privates Handy gegangen ist. Wahrscheinlich hatte er auf dem Golfplatz keinen Empfang. Die haben ihn dann gleich über Nacht dabehalten, „zur Beobachtung". Als ich die junge Ärztin, die Wochenenddienst hatte, gefragt hatte, ob er Mittwoch wieder zum Training kann, wurde sie recht unfreundlich und hat was von „Jugendamt" geschrien. Das Karrierefräulein soll selbst erst einmal Kinder bekommen, bevor sie sich so weit aus dem Fenster lehnt. Ich nicke aber schuldbewusst und stecke das Rezept ein. Die Sonntagsverabredung sage ich für ihn ab und erzähle seinem Kumpel Finn, dass wir überraschend Besuch von der Verwandtschaft bekommen haben. Das braucht sich noch nicht bis zur Mannschaft rumsprechen, wie es ihm geht. So gewinne ich noch ein wenig Zeit, um mir etwas Plausibles einfallen zu lassen.

Montag

Horst

Arbeiten ist nicht schön, hilft aber die Zeit zwischen zwei Fußballterminen zu überbrücken, ohne zu lange zu Hause sein zu müssen. Ich hab das Glück, mit Hein in der gleichen Abteilung zu sitzen. Zusammen waren wir damals ein unschlagbares Duo beim SV Elmborn. Damals in der Oberliga. Da galt das noch was. Wir waren quasi drittklassig. Damals, als die Oberliga noch was galt, bevor die Ostzone dazu kam, wir auf einmal eine Regionalliga vor die Nase gesetzt bekamen und später gar ne „Dritte Liga". Wir waren sooo kurz davor. Damals. Rote-Karte-König, das war nur eine Facette meiner Persönlichkeit. „König Horst" werde ich aber immer noch genannt. Okay, nicht mehr ganz so oft wie früher, aber immerhin, es gibt noch Leute, die meinen alten Namen noch kennen. Eigentlich hätte damals – 1986 - meine Karriere die entscheidende Wende nehmen müssen. Den Tag werde ich wohl nie vergessen....

Hein sitzt wie immer schon an seinem Schreibtisch, als ich leicht verschwitzt und mit Hosenklammern an der Jeans ins Büro komme: „Na, Horst, wie haben sich deine Schützlinge geschlagen?" Natürlich wusste er bereits, dass wir uns vorzeitig für die Finalrunde qualifiziert hatten, aber er wollte mir noch einmal die Gelegenheit geben, es selbst zu erzählen. Ein kurzer Abriss über die jeweiligen Spielverläufe, Torschützen und Vorbereiter, aber auch, wer die natürlich unnötigen und völlig unverdienten Gegentore durch individuelle Fehler verursacht hatte, wurde kurz dargelegt, bevor wir noch die Bundesliga-Ergebnisse Revue passieren ließen, schauten, was unsere jeweilige Erste Herren wieder verbrochen hatte, bevor wir Mails checkten und die Stapel mit den Aufträgen durchgingen.

„Ach, weißt Du, Hein, ich glaub, ich brauch das nicht mehr…. Das macht mich echt fertig." Hein kannte den Spruch schon in- und auswendig, deshalb musste ich das Thema noch einmal aufgreifen, damit er merkte, dass ich es diesmal noch ernster meinte als sonst. Nachdem er obligatorisch geantwortet hatte, dass ich mit den Kleinen schon fertig würde und spielerisch könne mir ja ohnehin keiner was vormachen, holte ich tief Luft und ließ sie langsam zwischen den Zähnen entweichen. „Du, Hein, ich glaube, mein Leben steht wieder am Scheideweg, so wie damals, als wir es fast geschafft hätten. Ich glaub manchmal, ich bin einfach kein Trainer…" Hein schaute auf, als er merkte, dass in meiner Stimme etwas mitschwang, was er bislang noch nicht kannte, obwohl wir dieses Gespräch schon unendlich oft geführt hatten. „Ja, Du hast Recht, die Kinder spuren schon, aber langsam machen mich die Eltern verrückt." Hein warf ein, dass ich noch nie Probleme gehabt hätte, einem erwachsenen Mann soweit einen reinzudrücken (Dabei machte er mit der rechten Faust eine Aufwärtbewegung auf Hinternhöhe), dass er nie wieder in seinem Leben auch nur einen kritischen Blick in meine Richtung werfen würde und verwies auf meine beeindruckende Kartenbilanz. „Ja, Hein, schon, aber es sind nicht die Väter.... Es sind auch nicht *nur* die Mütter…es ist auch Vera.…" Nachdem ich den Namen ausgesprochen hatte, merkte ich, wie wenig mir das Gespräch gefiel. Ich merkte sogar, dass mir die ganze Situation ganz und gar keinen Spaß machte. Ich merkte an Heins Gesichtsausdruck, dass er meine Sorgen für ganz und gar berechtigt hielt.

Hein

Horst muss man streicheln. Also in übertragenem Sinne. Ich kenne keinen ehrlicheren Menschen als ihn. So ehrlich wie er ging keiner in einen Zweikampf. Er war das absolute Gegenteil von Vera. Ich war froh, als das kurze Kapitel damals vorbei war. Jahre später hat der dann Cindy kennengelernt. Die mocht ich. Vielleicht war ich auch ein wenig eifersüchtig, aber das spielte in unserer Freundschaft keine Rolle. Als wir merkten, dass unsere Karriere nach dem schicksalshaften Spiel 1986 wohl für immer eine Illusion bleiben würde, wurden wir ruhiger und bewarben uns beide beim heimischen Stahlriesen, bei dem schon unsere Eltern und Großeltern gearbeitet hatten, und wurden auch prompt beide genommen. Mit ein wenig Glück (streng genommen waren es gezielte Gespräche mit Leuten, die wir auf irgendeinem Fußballplatz der Region irgendwann in unserem Leben kennengelernt hatten – und die uns trotzdem noch grüßten!) landeten wir irgendwann am gleichen Produktionsstandort in der Logistik. Unser Leben verlief in ruhigeren aber nicht weniger schönen Bahnen.

Dienstag

Vera

Die blöde Schnalle bei Sportscheck an der Kasse war anscheinend zu doof, ne einfache Stoppuhr unfallfrei abzuziehen. Hat fast ne Viertelstunde gebraucht, bis ich endlich loskam, dabei hatt ich ihr gleich gesagt, dass ich's eilig hab, weil ich einen Termin beim Elternsprechtag hab.

Eigentlich hatte ich noch 15 Minuten Zeit, bis ich von Frau Lokvenz-Verhoven, Sönkes Klassenlehrerin, empfangen wurde, aber ich wollte noch die Gelegenheit nutzen, kurz durch mein Revier zu patrouillieren. Viel mehr als an den Informationen, die ich von der eingebildeten Pute bekam, die meint, dass sie in sechs mal 45 Minuten pro Woche auch nur irgend etwas Sinnvolles über meinen Sonnenschein herausgefunden haben könnte, war ich an den Gesichtern der Eltern interessiert, die vor und nach mir den Klassenraum verließen. Dazu musste ich mich lediglich in den vielen belanglosen Gesprächen unter Eltern so postieren, dass ich einen uneingeschränkten Blick auf die Klassentür hatte.

Dann musste ich den Gesichtsausdruck erhaschen, den die Eltern noch bei den Abschiedsworten der Klassenlehrerin aufhatten, und der sie entlarvt, bevor sie ihr Lächeln für die anderen Eltern wieder aufsetzen und zur Schau tragen konnten. Aber jetzt war der Hauptschwung schon durch. Ich wählte gerne einen späten Gesprächstermin („sie wissen ja, früher kriegen wir das nicht hin, mein Mann arbeitet in seiner neuen Position so lange....aber ohne ihn würde einfach gar nichts laufen, da kann er nicht einfach sagen `ich geh jetzt mal`, hat halt nur Pfeifen um sich..."), um zufällig doch früher Zeit zu haben, aber weil sich bei den Gesprächsterminen keine Lücke ergibt, dann doch im Gang warten zu müssen.

Zumindest ist Wiebke noch da, die gleich euphorisch auf mich zugestürmt kommt mit den Worten „Na Vera, Du hattest noch Zeit, vorher einzukaufen? Du hast Dir doch nicht etwa ne neue Stoppuhr gekauft, um Sönkes Einsatzzeiten noch genauer mitstoppen zu können?" Sie fragte in dem übertrieben aufdringlichen Ton, der signalisieren sollte, dass die Frage selbstverständlich nicht ernst gemeint sei, so als ob sie mir dabei zuzwinkere, oder so, wie man bei einer e-Mail noch ein „ ;-) " hinzufügt. Mit gleichem Nachdruck versuchte ich *noch* beiläufiger zu sein. Und noch beiläufiger als *sie* fragte, versuchte *ich* wiederum die Tüte mit der „Chronos 3000 pp+" hinter meinem Rücken aus dem Gespräch verschwinden zu lassen, während ich mit besonderer Herzlichkeit auflachte und Wiebke in den Arm nahm: „Du kannst aber auch *nur* sticheln, Schätzchen, wie geht's denn Melvin? Ist er wieder gesund?"

HaHa!!! Zurückgeschossen!! Als wir gestern beim BauchBeinePo erfuhren, dass Melvin vermutlich mit einer Lungenentzündung flach lag, hatten wir alle (simultan und blitzschnell) im Kopf überschlagen, dass er bei einer durchschnittlichen Therapiedauer mit Antibiotikum von rund zwei Wochen definitiv nicht beim Finale fitt sein könne. Augenblicklich hatten wir gleich alle unsere guten mütterlichen Ratschläge hervorgekramt, die wir Wiebke gegenüber bringen konnten, um unseren Söhnen gegenüber Melvin ein wenig Luft verschaffen zu können: „Da darf man nichts übereilen..." , „Gut Ding will Weile haben" oder (besonders beliebt!) „man muss da auch auf mögliche Spätfolgen achten, der Sohn von früheren Nachbarn hatte das mal auf die leichte Schulter genommen und dann...(jetzt kamen natürlich – je nach Tagesform – die Klassiker von „Beinverlust" bis „Hodenhochstand")". Nachdem ich so also wieder klar Oberwasser hatte, konnte ich die weiteren Themen des Gesprächs bestimmen. Die mögliche Aufstellung für Samstag bot sich ja einfach logisch an, wenn man schon darüber spekulieren musste, wer Melvins Position einnehmen müsse.

Wiebke

Eigentlich kläre ich ohnehin alles mit Frau Lokvenz-Verhoven bei meinen wöchentlichen Anrufen. Sonderlich neugierig auf die anderen Eltern war ich eigentlich auch nicht, da ich als Elternvertreterin bei den Versetzungskonferenzen alle relevanten Noten – besonders der Mannschaftsspieler – sowieso kannte. Ich war zwar nie eine große Leuchte in der Schule, aber auswendig lernen konnte ich immer gut. So fiel es mir immer leicht, im Anschluss an die Konferenzen kurz eine zuhause vorbereitete Liste auszufüllen. Noch habe ich diese „schwarze Liste", wie ich sie nannte, nicht einsetzen müssen, aber im Falle des Falles, würde ich bei Horst einfließen lassen, dass die schulischen Leistung von diesem oder jenem soweit zu wünschen übrig ließen, dass ein Einsatz am aktuellen Spieltag seiner schulischen Entwicklung nicht förderlich wäre. Als Trainer wird Horst dann schon seiner Verantwortung für die Entwicklung seines Schützlings gerecht werden müssen, womit ein weiterer Platz in der Startelf frei werden könnte. Sönkes Leistungen waren recht stabil, wenn er auch nicht halb so genial war, wie Vera es immer – natürlich so beiläufig wie möglich –

ins Gespräch einfließen ließ. Dabei benutzte sie gerne Worte wie „partielle Hochbegabung", womit sie nur auf seine Eins in Sport anspielen konnte. Bei ihm konnte ich mit meiner schwarzen Liste, wenn ich sie denn ernst nähme, nichts ausrichten.

Nachdem mir Frau Lokvenz-Verhoven, die heute einen Rock anhatte, mit dem sie den Eindruck erweckte, als buhlte auch sie um Veras Freundschaft, kurz die Aufgaben nannte, die Melvin nachholen muss, da er ja inzwischen schon eine halbe Woche fehlte, setzte ich schnell mein Sonntagslächeln auf, bevor Frau L-V die Tür öffnete, sodass ich hinaus auf den Flur treten und Gundi eintreten konnte, um sich wahrscheinlich einmal mehr bescheinigen zu lassen, dass ihr vermeintlicher Wundersohn auch in der Schule ein Primus war. Draußen sah ich bereits Vera, die ich direkt ansteuerte.

Vera und Wiebke

Nachdem wir uns begrüßt und ein paar Nettigkeiten ausgetauscht hatten, kam Gundi schon wieder freudestrahlend aus der Tür. Sie kam kurz zu uns rüber, umarmte uns so strahlend und herzlich, wie alle Frauen es tun, die in tiefer Freundschaft oder tiefem Hass miteinander verbunden sind, und steuerte direkt auf Horst zu, der nach seiner Schicht direkt in die Schule zum Sprechtag gekommen sein musste. Von seiner Cindy war aber nichts zu sehen. Gundi fiel auch ihm um den Hals, so wie es alle Eltern der Mannschaft überschwänglich zu tun pflegen. Unabhängig voneinander kam uns der gleiche Gedanke in den Sinn.

Der Nebel schien sich zu heben und die Hintergründe über Karls regelmäßige Einsatzzeiten schienen sich zweifelsfrei zu zeigen. Wir schauten uns an und dachten so klar und deutlich, als hätten wir es ausgesprochen: „Dieses alte Flittchen!" Augenblicklich begannen wir zu grübeln, wie wir diese neue Information ausnutzen konnten.

Wiebke

Nachdem ich wissend Vera in die Augen geschaut hatte und bemerkte, dass sie dasselbe dachte wie ich, merkte ich, wie ein leichtes Lächeln meine Lippen umspielte. In ihren Augen blitzte eine Entschlossenheit auf, die selbst für Veras

Verhältnisse angsteinflößend wirkte. Aber in ihrem Blick sah ich keinen Triumph. Viel mehr wirkte ihr Grübeln geradezu mechanisch - hätten sich da nicht zwei rote Flecken auf ihren Wangen gebildet.

Gundi

Karlchen hatte eigentlich nie Schwierigkeiten in der Schule, aber es war mir immer wichtig, eine genaue Einschätzung von Frau Lokvenz-Verhoven über seinen Entwicklungstand zu erfahren. Frau L-V, wie wir sie nannten, war zwar offensichtlich genervt, dass ich schon wieder da war, aber irgendwie stand es mir zu, mir einen Überblick zu verschaffen. So wurde das Gespräch bereits nach einer Minute mit der Information beendet, dass doch eigentlich alles bestens sei und sie sich schon melden würde, wenn sich daran etwas ändern würde. Ich hatte also meine Elternpflicht getan, mich sehen lassen und konnte nun Ausschau nach Horst halten, den ich noch kurz treffen wollte. Als ich aus dem Klassenraum trat, bemerkte ich, dass Wiebke, die vor mir den Gesprächstermin hatte, noch mit Vera im Flur stand. Hinter ihr sah ich Horst. Trotzdem herzte ich die beiden pflichtbewusst und steuerte direkt auf Horst zu.

Der schaute erst ein wenig unsicher, sein Blick entspannte sich aber, als er merkte, dass es zumindest keine Mutter war, die Probleme mit den Einsatzzeiten hatte. Also umarmten wir uns strahlend und ich konnte ihm kurz mein Anliegen vortragen.

Horst

Heute hatte ich das Auto zur Arbeit genommen und ich drückte doppelt so stark aufs Gas, wie ich es ohnehin auf dem Heimweg tat. Cindy hatte mich gebeten, sie beim Elternsprechtag abzuholen, weil es nach ihrem Termin vermutlich schon dunkel sein würde. Meine kleine Daisy war zwar erst ein halbes Jahr in der Schule, aber Cindy sagte, es gehöre sich, immer Interesse zu zeigen.

Leider hatte ich noch einen erhöhten Gesprächsbedarf mit Hein bezüglich der Hallenzeiten. Auch dieses Gespräch hatten wir schon tausend Mal geführt, aber einmal mehr konnte nicht schaden.

Als ich auf den Parkplatz einbiege, durchfährt es mich und meine Handflächen und Fußsohlen transpirieren augenblicklich, als ich Veras Auto erkenne. Mist, die vierte Klasse hat heute also auch Sprechtag. Ich bleibe vorerst vorne im Foyer, dann kann ich am ehesten sehen, ob sie sich nähert. Sie steht am anderen Ende der Eingangshalle, aber fokussiert konzentriert die Klassentür von Frau Lokvenz-Verhoven. Wenn unsere Daisy auch irgendwann bei *der* Unterricht haben würde, dann würde *ich* die Sprechtage wahrnehmen. Sie hatte den gleichen Arsch wie Vera, nur etwa 10 Jahre jünger.

Vera hat aber keinen Blick für meine Richtung, sondern empfängt gerade Wiebke, die aus der Klasse direkt auf sie zukommt. Beide plaudern kurz und ich denke noch „was ein seltsames Gespann". Kurz darauf kommt noch Gundi aus der Tür, grüßt die beiden und kommt dann auf mich zu. Jetzt entdecken mich auch Wiebke und Vera, wir nicken uns kurz lächelnd zu, ich kann sie aber nicht im Auge behalten, weil Gundi mich mit einer kurzen Umarmung begrüßt und ein Gespräch mit mir anfängt.

Mittwoch

Mittags, kurz nach eins

Andi

Heute hab ich meinen kurzen Tag, da Meike heute lange malochen muss, da hol ich unsern Wonneproppen von der Schule ab. Eigentlich könnt er auch mit dem Bus fahren, wie die anderen aus seiner Klasse, aber das muss nicht sein, dass er erst von der Schule über den Parkplatz zur Bushaltestelle gehen muss, dann vielleicht noch nicht mal nen Sitzplatz abkriegt, um dann das letzte Stück nach Hause noch laufen zu müssen.

Wir haben keine Pizza mehr im Tiefkühler, da fahren wir von der Schule direkt zu Ibrahim, der einen kleinen Imbiss bei uns im Dorf unterhält. Eigentlich mag ich die Sorte, wie Ibrahim einer ist, ja nicht, aber wenn Sie nen ordentlichen Beruf haben und keine Drogen an unsere Kinder verkaufen, dann find ich das in Ordnung. Einige kommen auch nur nach Deutschland, um unsere Frauen aufzureißen, Ibrahim hat aber seine mit aus der Türkei (ich bin mir nicht mal sicher, ob er aus der Türkei kommt, aber woher sonst?) mitgebracht. Wir bestellen uns nen Doppel-Fleisch-Döner, aber ohne Salat drin. Ich habe gehört, dass Trennkost die Kalorienaufnahme erschwert, aber Kraft brauch man ja schließlich auch als Sportler. Den Rest vom Fladenbrot lassen wir sicherheitshalber auch übrig, nachdem wir das Fleisch mit der Gabel rausgepickt haben. Zu viele Kohlenhydrate! Haben von unserem Hausarzt jetzt schriftlich, dass Claudius besonders auf Kohlenhydrate reagiert. Angeblich sorgen die bei unserem Sohn dafür, dass er zunimmt. Er hats schon schwer mit der Gesundheit, aber das interessiert ja keinen von den rücksichtslosen Schnöseln, halten sich eh alle für was Besseres. Aber zumindest ein gutes Gefühl, den richtigen Hausarzt gefunden zu haben. Der, bei dem wir vorher waren, hatte eh nie gerafft, was unserem Claudius fehlt. Da hat Meike sich mal rumgehört, sie sagt, eine Mutter weiß besser, was das eigene Kind braucht, die hat ihn ja schließlich auch 9 Monate im Bauch gehabt.

Nachmittag, 16 Uhr, Training

Horst

Ist Claudius noch mal schwerfälliger geworden? Ich habe noch nie ein Kind so in die Kabine keuchen hören. Andi hat aber komischerweise eben noch erwähnt, dass man jetzt gerade versuchen würde, über die Vorzüge der mediterranen Küche das Fitnessproblem in den Griff zu bekommen. Scheint noch nicht anzuschlagen.

Melvin hat abgesagt, dabei betont, dass das nur für *dieses* Training sei. Cindy hat aber beim Abholen in der Schule gehört, wie ihm jemand schon die ganzen Wochenpläne für die ganze Woche mitgenommen hat. Er sah ja Samstag schon ein wenig lustlos aus.

Donnerstag

Andi

Privates Konditions-Training ist angesagt. Langsam müssen wir anfangen, damit Claudius für Samstag fit ist. Vielleicht sollte er doch mal auch nen Weg zu Fuß zurücklegen. Als erstes haben wir ein paar echt gute Laufschuhe besorgt, nicht den Scheiß ausm Kaufhaus, sondern vom Fachmann. Die haben die Füße erst mal ausgemessen, weil er unter besonders breiten Füßen leidet, da passt nicht jeder Schuh, aber das sehen die andern ja nie, womit man sich immer rumschlagen muss - Arschlöcher!!

Wir haben beim Frühstück drüber geredet, dass er heut nachmittag mal zu Fuß zu Oma geht. Gab zwar schon vor der Schule ordentlich Geschrei, aber er hatts dann doch eingesehen. Zum Lohn gehts danach wieder zu Ibrahim und dann darf er sich noch was für die Playstation aussuchen (Vielleicht ja was mit Fußball – für die Taktik-Schulung!). Oma wohnt nen Kilometer weg, das ist etwa 20 mal weiter als die Turnhalle, in der die Finalrunde stattfindet, lang ist. Das sollte reichen. Mit den neuen High-Tech-

Schlappen sieht er fast wie ein richtiger Sportler aus. Mann, bin ich stolz! Das A und O beim Training ist die richtige Betreuung, überhaupt ist Betreuung für die Entwicklung eines Kindes immer von großer Bedeutung. Wer weiß, was nem Kind im Schulbus alles passieren kann. Hab da schon schlimme Sachen gehört. Am Ende muss ein Kind Jahre lang zum Psychiater, nur weil die Eltern zu faul waren, ihr Kind eigenhändig aus der Schule abzuholen. Und wir müssen dann für die zahlen.

Zur Begleitung des Trainings zu Oma setze ich mich in den A6, den ich fast abgestottert habe, der aber deutlich mehr hermacht als der Touran oder Caddy der anderen Möchtegerne. Während Claudius losläuft, fahre ich immer im gleichen Tempo nebenher. Das kostet jede Menge Kupplung. Dabei unterstütze ich ihn durch aufmunternde Bemerkungen. Ich habe mal gelesen, dass Musik beim Training helfen soll. Weil bei mir sowieso immer das Autoradio läuft, kann Claudius sich gleich dem Takt von NDR 1 anpassen. *Pace-Setting* nennt man das. Meike ist auch dabei. Sie hat extra früher Schluss gemacht, um vom Beifahrersitz aus Fotos machen zu können, wie Claudius trainiert. Die werden wir dann groß ausdrucken und an Weihnachten der Verwandtschaft schicken!

Freitag

Vera

Die Stoppuhr kann in der Tasche bleiben. Ich brauche die Ballkontakte von Melvin und der kleinen arroganten Ratte von Karl nicht mitzustoppen, weil Karl heute auch nicht da ist. Horst macht heute den Gute-Laune-Trainer und redet was von „lockeren Spielchen". Wiebke und Melvin sind zwar auch gekommen, aber Melvin kann natürlich nicht mitspielen, weil er noch mehr Medikamente nehmen muss als mein Schwiegervater nach seiner Herztransplantation. Gebracht hatte ihm das damals nichts, aber man muss ja nicht gleich den Teufel an die Wand malen.

Horst

Melvin sitzt draußen und sieht noch wie der Handlanger vom Tod aus und Karl kommt heute gar nicht. Gundi hatte mich nach dem Elternsprechtag am Dienstag angesprochen, obs okay wäre, wenn er mal nicht käme. Er ist auf einem Kindergeburtstag eingeladen und es würde ihm bestimmt mal gut tun, auch bis zum Ende bleiben zu können. Da wir ohnehin schon qualifiziert sind, hab ich mal Fünfe gerade sein lassen, obwohl *ich* damals nie (beinahe) so weit gekommen wäre, wenn ich nicht auf so manches verzichtet hätte.

Vielleicht liegt es auch einfach dran, dass Gundi ihn als alleinerziehende nicht vorzeitig vom Geburtstag abholen und zum Training bringen kann, weil sie auch freitags immer beim Fleischer hinterm Tresen steht. Ich würde ihn sogar selbst abholen, damit er weiter bei uns spielt, aber das wäre Gundi peinlich. So sehr ich meine kleine Daisy auch vergöttere, Karl ist irgendwie der Sohn, den ich nicht habe. Vielleicht schafft er mal das, was mir verwehrt blieb.

Andi

Wann holt Horst endlich die Bälle raus? Ich muss drüber nachdenken, ob so ein Luschentraining das Richtige für Claudius ist. Ich suche einen Gesprächspartner auf der Tribüne, um Horsts heutiges Training zu analysieren, aber nur Hilde sitzt in der Nähe und hat ihr Dauerlächeln im Gesicht. Die anderen sitzen zu weit weg oder ich habe ihre Namen vergessen. So muss ich allein grübeln, ob ich für Claudius vielleicht doch einen besseren Verein finde, wo sein Talent auch gefördert wird.

Horst

Heute machen wir nur lockere Spiele, da ich ohne Melvin und Karl erst gar nicht probieren brauch, irgendetwas Sinnvolles auszuprobieren oder gar etwas Taktisches mit den Kurzen einzustudieren. Wir trainieren heute sogar die meiste Zeit ohne Ball. Einigen tut schon die Bewegung allein gut, dass man nicht noch riskieren sollte, dass sie sich mit einem Ball verletzen.

Woche 2

Samstag – Letzter regulärer Spieltag der Hallensaison

Andi

Wir sind spät dran. Die anderen warten bereits in der Halle und werden von Horst auf den großen Moment, das „Highlight, der Saison, das es durch einen Triumph zu krönen gilt", wie er sich ausdrückt, eingestimmt. Eigentlich sind wir nie zu spät. Streng genommen waren wir es auch diesmal nicht. Eigentlich waren wir schon eine Stunde im Vorfeld da, aber als Claudius als erster in der Kabine sitzend schon mal seine Fußballschuhe anziehen wollte, bemerkt er, dass er die Zehen einziehen muss, um die Verse in den Schuh zu pressen. Mein Gott, muss er ausgerechnet jetzt noch wachsen? Der Quacksalber, bei dem wir vorher waren, hatte mal von einer Fußsenkung aufgrund des „enormen Übergewichtes" gesprochen, eigentlich wussten wir schon da, dass wir bei dem Scharlatan falsch sind und begannen bereits uns rumzuhören. Bei uns in der Familie haben alle große Füße, kein Wunder, dass Claudius das auch geerbt hat. Selbst bei meiner Meike sind die

Füße sogar noch nach der Schwangerschaft mit Claudius zwei Größen weitergewachsen, aber danach fragt ja keiner von denen...

Naja, mussten auf jeden Fall noch schnell neue Treter kaufen und stehen jetzt da, zu spät und verschwitzt – wobei das wiederum an einem vererbten Schweißdrüsenproblem liegt.

Ich verschwende keine überflüssigen Worte (Horst ist alt genug, der kann schon fragen, wenn er was wissen will!), sondern flitze gleich auf die Tribüne, um mir einen guten Platz für meine Filmaufnahmen zu sichern.

Gundi

Karl geht heute alleine zum Spiel, ist zwar schade, aber als Alleinerziehende kann man sich nicht teilen. Ich will noch ein paar Besorgungen für Weihnachten machen und hoffe, zur vorläufigen Siegerehrung da zu sein. Vielleicht seh ich ja noch das letzte Spiel des Tages. Egal, für die Finalrunde nächstes Wochenende hab ich mir frei geräumt, das lass ich mir nicht entgehen!

Horst:

Okay, alle da, Gundi hatte schon gesagt, dass Karl etwas später kommt, und dass ich drauf achten soll, ob er alles mit hat. Warum Claudius wieder wie ein nasser Sack in die Kabine gehetzt kommt, weiß ich auch nicht...

Vera

Ich glaub es nicht. Da steht er – der kleine Prinz Karl -, spielt sich mit den anderen ein, als sei nichts gewesen und meint wohl, er hätte das Recht heute zu spielen. Das ist der Augenblick, auf den ich gewartet habe. Für den heutigen Tag habe ich meine Aufzeichnungen so penibel geführt, wobei das bei diesem Fall gar nicht notwendig gewesen wäre. *Kein Training - kein Einsatz* lautete Horsts Credo. *Kein Abschlusstraining - erst recht kein Einsatz* kann die logische Folge nur heißen. Jetzt muss jedem klar werden, warum sich Gundi bei Horst so ins Zeug legt.

Die kleine Schlampe!!!

Andi

Alle guten Plätze zum Mitfilmen sind schon belegt. Irgendwelche Eltern und Großeltern haben sich vorne an der Reling breitgemacht und lassen mir nur einen Blick in ihre unendlich vielen kleinen Displays, aber keinen ungetrübten Blick aufs Spielfeld, den ich für die Spielanalyse bräuchte. So eine Masse von Kameras habe ich das letzte mal von hinten gesehen, als ich mit meiner Meike in Tunesien war. Ist schon ein paar Jahre her, aber Meike hat jeden Morgen die Wassergymnastik mitgemacht. Mindestens 20 Muttis mit ähnlichen Maßen wie mein Meikilein bewegten sich unter dem aufmunternden Anfeuerungsrufen einer wohlgeformten Animateuse zu den aktuellen Sommerhits wie Amöben mit schweren Spasmen – nur viel langsamer. Gebracht hats nichts. Aber alle zu den Amöben gehörenden Ehemänner standen morgen für morgen mit ihren Camcordern am Poolrand und haben das unwürdige Schauspiel für die Nachwelt gesichert. Obwohl der Pool damals deutlich breiter war als die freien Stellen auf der Tribüne heute, hatten wir trotzdem große Probleme, sowohl offensichtlich unsere jeweilige Gattin als auch die Animateuse in voller Größe draufzubekommen.

Mit Einsatz meines Körpers gelingt es mir, einen brauchbaren Platz auf Höhe des rechten Strafraumes zu ergattern, als eine Mutter gerade Tücher holt, um die umgeschütteten Getränke ihrer Kinder aufzuwischen. Die beiden Blagen schiebe ich galant zur Seite. Die beiden können noch ihr ganzes Leben lang Fußball gucken. Als die Mutter zurück kommt, starre ich konzentriert aufs Display, bis sie es aufgibt, Kontakt mit mir aufzunehmen und ein paar Meter weiter nach hinten rechts rückt.

Hilde

Immer wieder der Höhepunkt der Woche. Wir sitzen mit allen Eltern der Mannschaft zusammen, bis auf Andi, der sich mit seiner Kamera ein paar Meter weiter rechts postiert hat. Keine Ahnung, für wen er die ganzen Aufnahmen macht. Bestimmt nicht fürs Familienalbum, so selten, wie Claudius überhaupt auf dem Platz, geschweige denn am Ball zu sehen ist.

Ich habe auf jeden Fall ne Flasche Kräutergeist dabei, die mir mein Schwager aus dem Sudetenland bei seinem letzten Besuch dagelassen hat. Wiebke hat ne Kanne Glühwein dabei. Der Nachschub ist gesichert.

Das erste Spiel „designierter Vorletzter" gegen „designierten Letzten" der Abschlusstabelle läuft ganz unterhaltsam an. Das Gepöbel auf den Rängen hält sich noch in Grenzen, wir verschießen unser Pulver noch nicht gleich. Das Highlight des sonst ereignisarmen Spiels war ein kleines Foul kurz vor Ende, bei dem ein kleiner schmächtiger Junge mit roten Haaren, der uns schon vor 4 Jahren in der unteren G-Jugend auffiel, als er mit seinen beiden dünnen Beinen in *einem* Hosenbein seiner Fußballhose rumlief, während der Rest der Hose hinter ihm herflatterte, einem heranstürmenden Spieler so geschickt den Ball von den Füßen holte, dass dieser über die Kugel stolperte und stürzte, wobei er sich das Knie verdrehte. Ein besonders fetter und erstaunlich alter Trainer stürzt sich ohne zu zögern auf den Platz und schreit dem schmächtigen Jungen aus kurzer Entfernung ins Gesicht, dass er es nie wieder wagen solle, sich einem seiner Spieler zu nähern, wenn ihm seine Gesundheit lieb sei. Der Schiedsrichter, ein Jugendlicher von vielleicht 15 Jahren, ist von der Situation überfordert und froh, dass während der Tirade des dicken alten Mannes (in lila Ballon-Seide-Trainingsanzug mit Schlag in der

Hose) die Schlussfanfare die offizielle Spielzeit von 10 Minuten beendet und beide Teams unverzüglich das Feld für die nächste Spielpaarung räumen. Noch bevor das nächste Spiel angepfiffen wird, bemerkt ein Spieler, dass der schmächtige Junge noch immer weinend auf dem Platz steht. Sein Trainer hatte ihn einfach vergessen, als er mit dem gegnerischen Trainer diskutierend in den Kabinen verschwand. Der Schiri durchsuchte die Kabinen schnell und wird fündig, er läuft schnell aufs Feld, trägt den weinenden Knirps raus. Der wird heute nicht mehr gesehen. Ich schütte den Muttis noch einen sudetendeutschen Gruß in die kleinen Plastikbecher ein. Wir machen uns warm für das erste Spiel unserer Jungs.

Karl

Gleich das erste Spiel gegen Neuelmkot. Derby. Wir sind auf jeden Fall besser, aber die Jungs waren sich in der Kabine vielleicht etwas zu sicher. Fast blöd, dass wir sowieso schon durch sind, das nimmt gegen den SC leider ein wenig die Spannung. Warum man sowas eigentlich „Derby" nennt, weiß ich nicht. Aber seit der frühen G-Jugend weiß ich, dass das Wort bedeutet, dass es ordentlich auf die Knochen gibt. Freu mich!

Wiebke

Endlich Derby. Die Jungs spielen aber wie gelähmt. Wir brüllen uns die Seele aus dem Leib, ölen in regelmäßigen Abständen unsere Kehlen. Schon vor dem ersten Schrei haben wir gerötete Wangen und glänzende Gesichter: die Moral auf den Rängen stimmt. Die Neuelmkoter Eltern sind aber besser vorbereitet als wir. Mit Schrecken stellen wir fest, dass sie mit Rasseln und Tröten ausgestattet sind. Das müssen wir durch eine gänzlich permanente Beschallung ausgleichen. Jeder Ballkontakt wird lautstark gefeiert. Das Ideal, Kinder nicht auszubuhen ist längst gefallen. Wenn gerade mal nichts passiert, schreit Vera „O-Ben-Pla-Ten-Bü-Ttel", und zwar so oft, bis neue Äußerungen von den Rängen die Rufe wieder überlagern.

Vera

Die Neuelmkoter belauern uns und mustern jede Reaktion von uns. Sobald eine Äußerung des jeweils anderen zu erwarten ist, muss diese durch die eigenen Stimmen übertönt werden. Wenn keine Ereignisse auf dem Platz für Stimmung sorgen, brülle ich den Obenplatenbüttel-Schlachtruf in die Stille, sodass er nicht durch deren Instrumente übertönt werden kann.

Horst

Brülle immer wieder Anweisungen auf den Platz, aber irgendwie ist der Wurm drin. Bringe jetzt Jonas. Kein Techniker, aber robust, vielleicht bringt das ja was. „Schalt den Neuner aus, ne, der sieht kein Land, haste kapiert?"

Karl

Horst bringt Jonas, sieht nach Brechstange aus.

Horst

Dann geht der Neuner einfach an Jonas vorbei, ich: „Fuß vor!!!", „Manno, Fuß vor!!!", „Kalle!!! Hol ihn dir!!!"

Hilde

Scheiße, der Neuner ist durch, mir rutscht der Becher aus der Hand. „Leeeeeg Iihhhhhn uuuummmmm!" – ups hab ich das gerade wirklich gerufen?

Vera

Endlich Stimmung. Der Neuner von Neuelmkot liegt vorm Strafraum. Jetzt müssen wir aufmerksam sein. Bevor die Neuelmkoter Eltern sich sortiert haben, müssen wir die Stimmung aufnehmen und weitertragen. Ich reagiere als erstes und schreie: „Steh auf Du Schauspieler!" Hilde versucht einen „Luca-Toni"-Sprechchor anzustimmen.

Wiebke

Eigentlich wollte ich gerade in Hildes „Luca-Toni"-Sprechchor einstimmen, da dreht sich der liegende Neuner um und offenbart eine klaffende Platzwunde auf seiner Stirn. Entsetztes Schweigen in der Halle. Vera reagiert als erstes. Ich wäre gerne so schlagfertig wie sie.

Vera

„Jetzt kann die Memme sogar schon auf Kommando bluten!", „Los, steh auf!"

Ha, die Runde ging an uns! Das sind wir unseren Kindern schuldig! Eins-Null für uns, die Rasseln sind verstummt!

Horst

Glück gehabt, sauberes Tackling, unglücklicher Sturz, würde ich sagen. Sieht mein Gegenüber irgendwie anders: „König, Du Arsch, pfeif deine Jungs zurück! Die werden so Arschlöcher wie Du". Ich dann: „Halt die Fresse, Deine spielen auch schon so schlecht, wie du früher! Kein Wunder, dass der Bengel nicht durchkommt!" Da rennt der Penner quer übern Platz zu mir rüber. Wird vom jugendlichen Schiri, der all seinen Mut zusammengenommen hat, wieder bestimmt auf seine Bank geschickt.

Andi

Mist, die Neuelmkoter kommen schon wieder mit ihrem schnellen Neuner über die Außen, ich schalte die Kamera schnell ab, will keinen Speicherplatz mit Gegentoren verschwenden.

Horst

„Andi, hast Du das drauf? Das schicken wir an den NFV[1] !" Ich schaue auf die Ränge, wo mich Andi mit seinem nichtssagenden leeren Pfannkuchengesicht anstarrt und hilflos seine Kamera hochhält. Wofür macht er den Scheiß eigentlich immer?

---

[1] Niedersächsischer Fußballverband

Vera

Super Spieltag, nur ich habe versagt. Nach dem Zwischenfall mit dem Neuner habe ich verpasst, dass Sönke ausgewechselt wurde. Zeitgleich hat Horst auch Karl kurz vom Platz genommen und ich habe leider meine statistische Erhebung vernachlässigt. Die Zahlen kann ich Horst so nicht vorlegen!

Ich konzentriere mich wieder aufs Verbale:

„Lass dein Kind Ballett machen, wenns kein Fußball verträgt!" – Der Evergreen passt jeden Spieltag irgendwann!

Karl

Haben uns heute nicht mit Ruhm bekleckert, aber haben uns wacker geschlagen, obwohl Horst alle

Spieler – selbst die miesesten Graupen – alle für ein paar Minuten eingewechselt hatte. Nach dem Umziehen treffe ich noch Ali und Ismael von Neuelmkot. Ali hatte mal bei uns mittrainiert, aber irgendwie hat er nicht gewechselt. Wahrscheinlich zu viel Druck ausm Dorf. Schade, der ist schnell. Die Namen der beiden kennt jeder in der Liga, weniger, weil die so furchtbar schnell sind, eher, weil ihre Väter sie ohne Unterlass mit ihren Vornamen anfeuern. Durch das überlagerte „Alismaelismaelalismaelalismael" entsteht ein Geräusch, das wie irgendwas zwischen Hochgeschwindigkeitsmuezzin und der Lautsprecherbox unter dem Gästeblock in Hoffenheim klingt. Übers Spiel reden wir nie nach dem Duschen, aber die beiden sprechen mich trotzdem an: „Ey, Karl, ist Manni bei dir in der Klasse?" – „Ja, wieso? Kennt ihr den?" – „Ja, hat mal mit meinem Bruder gespielt. Ist der schwul?" – „Äh, nee, glaub nicht, wieso?" – „Dachten wir nur, wollten wir nur mal fragen."

Dann verabschiedeten wir uns bis nächsten Samstag. Neuelmkot hatte sich auch qualifiziert.

Vera und Wiebke

Nichts wie raus, sonst müssen wir am Ende noch die Trikots zum Waschen mitnehmen. Hilde ist schon aus der Kabine, was bedeutet, dass die Aufgabe an uns hängenbleiben könnte. Man könnte meinen, wir wären ein gutes Team geworden. Wortlos lächeln wir uns an und schleichen aus der Kabinentür. Geschafft! Nur Robins Mutter ist noch da. Den Letzten beißen nun mal die Hunde…..

Sonntag

Horst

Geschafft, okay, das stand schon vorher fest, aber jetzt wissen wir auch, dass wir Samstag wieder auf Elmsborn treffen werden. Sicher wird einer meiner Schützlinge das Aufeinandertreffen nicht unbeschadet überstehen, aber ich kann endlich eine Rechnung von vor 25 Jahren begleichen. Den Trainer kenne ich seit fast 30 Jahren. Ein sonderlich guter Trainer ist er nicht. Aber als Kreisstadt ziehen die jede Menge Talente aus dem Umland. Haben die wahrscheinlich nötig, weil die sonst gar kein Team zusammenbringen würden mit ihren bescheidenen Mitteln….

Er hatte *nie* die Chance, die ich nicht habe nutzen können, aber selbst *das* nimmt er mir übel. Das kommt jedes Mal hoch, wenn wir gegen die verlieren. Eigentlich müsste ihm das doch reichen! Tut es aber nicht. Er möchte nicht meine Jungs besiegen, er möchte *mich* zerstören. So, wie ich *ihn* früher!

Montag

Horst

Wir brauchen Wurst.

Metzgerei „Calberlah" ist die Adresse am Ort. Die einzige Adresse. Wir haben hier noch nicht einmal einen Discounter, um uns mit ner Wurst einzudecken. Aber das ist nicht der einzige Grund, weshalb wir hier regelmäßig einkaufen. Der Metzgermeister ist so eine Institution im Dorf wie der Gerd, Gundis Exmann. Ohne ihn gäbe es keine Feierlichkeit im Dorf, bzw. ohne seine Würste. Auf die Würste könnten die meisten zwar verzichten, aber nicht auf seine Bierzeltgarnituren, seine Pavillons, seinen großen Schwenkgrill und seinen unendlich großen Vorrat an Papptellern. Der Mann ist unverzichtbar. Weil wir bei jedem Hallenverkauf auch ein Kilo Aufschnitt für die Brötchen und ein paar Dutzend Bockwürste noch dazu bekommen, sollten wir den Herren nicht verärgern. Das ist der Grund, weshalb ich auch heute hier wieder vorbeischaue. Ich nehme ein halbes Kilo Bregenwurst und einen dicken Presskopf. Die beiden Tüten liegen schon abgepackt im Kühlfach. Das hat Gundi schon gemacht, die hier stundenweise arbeitet. „Ich hatte schon Angst, du kommst nicht mehr, Horst!" – „Ach, Gundi, ich lass euch doch nicht im Stich!" Wir wechseln auch noch ein paar Worte über den kommenden Samstag und warten dann, bis Gundi an der Kasse meine beiden Teile abziehen kann. Die Kollegin von ihr braucht etwas länger, weil der Kunde, der dran ist, unbedingt mit seiner EC-Karte zahlen muss, der Kartenleser die aber nicht gleich nehmen will.

Gundi

Das ist immer nett, wenn Horst hier seinen Presskopf holt. Ich suche ihm immer einen besonders großen raus, bevor er kommt, wiege aber nur einen kleinen ab. Das tut dem Chef bestimmt nicht weh. Auf jeden Fall hat Gerd das immer gesagt, dass die Familie Calberlah sich keine Sorgen mehr machen müsse. Vorm Bezahlen gehen uns leider die Themen aus, ich will auch nicht immer irgendwas über Karl nachfragen. So stehen wir da und warten, bis Greta endlich dem Kunden mit der Zunge und dem Gulasch halbhalb das Geld abgezogen hat und wir schauen uns nur an, ohne etwas zu sagen. Horst schaut dann noch mal kurz auf den Boden und wieder hoch, lacht kurz und sagt: „ja, ne, so ist das...." und ist irgendwie erleichtert, als er mir das Geld in die Hand drücken kann.

Horst

Ich schäme mich für das, was ich tue. Aber ich tu es immer wieder. Montags besuche ich meinen Vater. Seit er allein ist, beschäftigt er sich innig mit seinem Labrador „Shadow". Den Namen hat er auf der Hundemesse aufgeschnappt, wo er sich Shadow ausgesucht hatte. Da gab es auch einen zigfachen Ausstellungssieger mit dem gleichen Namen. Allerdings war der *wirklich* schwarz. Der von meinem Vater nicht. Das wusste er zwar selbst, hatte aber keine Ahnung, was es mit dem Namen und der Farbe des ursprünglichen „Shadow" auf sich hatte. Ich hätte es ihm eigentlich direkt sagen sollen, als er ihn sich gekauft hatte, aber ich hatte damals den Konflikt gescheut. Inzwischen würde ich mich das trauen, da sich im Laufe der letzten Jahre unser Verhältnis sehr zum Guten verändert hat. Aber jetzt ist es zu spät, da ich mir jetzt die unbequeme Frage gefallen lassen müsste, warum ich ihm das nicht gleich gesagt hätte. Ich hoffe stets, dass er das nie erfährt.

Shadow mag aber die Wurst von *Metzger Calberlah*. Als einziger in der Familie. Ob ich aus diesem Grund meinen Vater montags besuche oder ob ich aus diesem Grund immer *montags* dort einkaufe, kann ich nicht mehr nachvollziehen. Die Tour ist aber Woche für Woche dieselbe. Hoffentlich schafft Shadow bis Samstag den riesigen Presskopf, den mir Gundi da eingepackt hat. Samstag kommt der Senior-Chef persönlich zum Finale, um die frischen Trikots, die er uns im Sommer bezahlt hatte, zu begutachten. Dabei gibt es hin und wieder noch einen Presskopf extra. Die Qualität der Trikots ist super. Unter dem Firmenlogo prangen zwei paarweise aufgehängte Würste und wirken ein wenig lächerlich bis unanständig. Aber da geht es uns ähnlich wie vielen anderen Mannschaften, die für „Partyservice Krause" mit einem Brathähnchen und einem Zapfhahn auf der Brust rumlaufen oder für „Lauras Spielzeug- und Geschenkboutique" einen Teddybären spazieren tragen. Den Vogel schießen allerdings die Vollhorst-Kotenbüttler ab, die einfach nur „Lottis Lottokiosk" auf der Brust tragen, ohne Bild, wahrscheinlich, weil man gar nicht die ganzen Dorf-Alkoholiker, die auf den Aufdruck drauf müssten, zusammen auf eine Kinderbrust bekommen würde. Unsere Vorschläge, einen knackigen Spruch mit etwas wie

„Blutwurstgrätsche" oder „Presskopfball" auf die Trikots zu flocken, wurden jedoch sowohl vom Verein als auch vom Seniorchef (mit Hinweis auf das traditionsreiche Unternehmen) abgelehnt. So müssen wir uns immer wieder Späße über unsere „armen Würstchen" gefallen lassen. Aber so etwas stählt den Charakter. Ich sage immer: „Mitleids kriegste umsonst, Neid musste dir erarbeiten."

Ich habe meinem Vater eine Dose Bierwurst und einen Becher Fleischsalat aus dem Einkaufszentrum in Neuelmkot mitgebracht. Das mache ich immer. Er fragt nach Daisy, ich verspreche, dass sie das nächste Mal mitkommt und wir verabschieden uns wieder.

Dienstag

Gundi

Scheiße, das Auto macht ganz beschissene Geräusche, wird langsamer und irgendwas scheint zu schleifen. Die Lenkung fühlt sich ganz komisch an. Ich könnt kotzen. Ich hab keine Ahnung, wie ich heimkommen soll. Das lässt sich wirklich nicht mehr richtig lenken. Ich fahre gleich links auf den Parkplatz und steh an der Landstraße zwischen Neuelmkot und Obenplatenbüttel genau auf Höhe der alten Windmühle und es wird langsam dunkel.

Scheiße, Scheiße, Scheiße! Und gerade heute muss ich Karl aus der „Ganztags" abholen. Scheiße, mir fällt gerade ein, dass ich auch keine Ahnung habe, wie ich das die Woche über wuppen soll, wenn das mit dem Wagen länger dauert. Natürlich denk ich dabei in erster Linie erstmal an Karlchen. Wahrscheinlich ist der Gedanke auch verantwortlich dafür, dass ich direkt erstmal Horst anrufe.

Horst

„Klar kann ich ihn morgen direkt mit zum Training nehmen, kein Problem, hab ich Dir doch schon oft angeboten. Ohne Karl brauchen wir doch fast gar nicht erst anfangen….Ja, jetzt beruhige dich doch erst mal. Wo stehst Du eigentlich gerade? Ach, du Kacke, du bist noch mitten im Nirgendwo?.... bei der Windmühle…?.... weißte, warte kurz, ich hol dich einfach da ab…neee, echt kein Problem….neee, echt, hatt ich doch gesagt, kannst immer anrufen, wenn sowas ist, ich bin doch euer Trainer…

Wiebke

Fertig eingekauft, schnell nach Hause, Christian kommt gleich heim und da freut er sich ja schon, wenn was auf dem Tisch steht. Wenn ich direkt die

Kartoffeln aufsetze, wenn ich daheim bin, könnten die noch gar sein, bevor Christian auf den Hof fährt. Könnte ich schaffen. Schaff ich auch, beschließ ich!

Horst

Eigentlich wollt ich vom Sportplatz, wo ich mich kurz mit dem Jugendwart und der Hallenleitung wegen Samstag getroffen habe, direkt nach Hause, aber nach dem Anruf mach ich schnell einen Abstecher zur Mühle. Ich fahre direkt hin, ohne vorher daheim Bescheid zu sagen. Man hilft ja, wo man kann. Wird ja nicht ewig dauern.

Wiebke

Nee, das glaubt mir keiner, ich glaubs selbst nicht. Die beiden Autos kenn ich, kein Zweifel! Eben fährt Horsts Touran auf den kleinen Parkplatz bei der alten Windmühle links von mir rein. Genau da, wo schon der alte Datsun von Gundi steht. Fast hätte ich es übersehen. Ich weiß gar nicht, ob ich das glauben will, was ich gesehen habe. Aber wie bei einem schlimmen Unfall oder bei einem besonders eitrigen Geschwür oder bei einer besonders spektakulären Behinderung schaffe ich es einfach nicht *nicht* hinzuschauen. Noch ein Kilometer bis zum Kreisel, ich fahr die vierte Ausfahrt wieder raus und drück das Gaspedal durch. Meine Hände zittern vor Aufregung, aber ich muss es erst genau wissen. Noch dreihundert Meter….japp, kein Zweifel, das waren die beiden.

Gundi

Horst sagt, das ist ein ganz normaler Plattfuß. Das hätte ich auch merken können, wenn ich anstatt zu weinen einfach aus dem Wagen gestiegen wäre. Er kann mir helfen und ich kann morgen zumindest wieder selber fahren. Früher hätte ich einfach meinen Gerd angerufen, aber seit ich allein bin, bin ich selbst in solchen Situation total aufgeschmissen.

Wiebke

Jetzt stehen sie sogar ganz schamlos vor ihren Autos und halten einen kleinen Plausch, da wo sich sonst nur tagsüber Rentner mit Hunden zum Spazieren und nachts Teenie-Pärchen zum Knutschen treffen. Wie passend und wie dreist zugleich. Noch einmal die vierte Ausfahrt im Kreisel am Ortseingang von Neuelmkot und ich fahre wieder Richtung Heimat, um – diesmal wieder zu meiner Linken – zumindest noch einen Blick auf die Autos zu werfen. Die Turteltäubchen waren nicht mehr zu sehen. Noch immer zitternd wühle ich in der Jackentasche, die sich genau unter dem Gurt befindet, nach meinem Handy. Vera wird stolz sein!

Vera

Das war mal ein Anruf. Sönke muss jetzt allein seine Hausaufgaben machen. Ich greife mein Handy und stelle beim Rauslaufen auf Kamera-Modus. Ich springe ins Auto und fahre Richtung Mühle.

Während ich mich dem Kreisel näher, versuche ich das Handy auf dem Armaturenbrett irgendwie zu fixieren. Hoffentlich bin ich nicht zu spät. Gleich bin ich an der Mühle. Während ich nach vorne starre, um nicht bei hoher Geschwindigkeit von der Straße abzukommen, stochere ich mit der rechten Hand nach dem Handy, um es noch einmal nach vorne auszurichten. Fast wäre ich dem alten Datsun reingefahren, der von rechts über die Straße in meine Richtung einbiegt. Aber das war sie! Eindeutig! Hoffentlich hab ich sie scharf drauf. Jetzt konnte ich nicht auch noch Horst mitfilmen. Ich geb Gas, bin gleich im Neuelmkoter Kreisel, nehm die vierte Ausfahrt, düse zurück und bin gleich wieder bei der Mühle. Der Parkplatz ist leer, aber ich habe Horsts Auto direkt vor mir. Das erkenne ich bei Nacht und bei Neumond im Nebel. Er muss also kurz nach Gundi den Parkplatz verlassen haben. Zuhause werde ich die Aufnahmen auswerten und schauen, was sich damit machen lässt.

Mittwoch

Nachmittag, 16 Uhr, Training

Gundi

Ich habe Horst einen Kuchen gebacken. Das war mir ein Anliegen. Das war nicht selbstverständlich, was er da für mich gemacht hat. Er natürlich: „Das tut doch nicht Not, das war doch klar, das hätte doch jeder gemacht…", aber wir wissen beide, dass dem nicht so ist. Ich freue mich riesig, dass er sich so um Karlchen kümmert.

Horst

Das ist mir ja peinlich. Einen Kuchen hab ich von Cindy noch nicht mal zum letzten Geburtstag bekommen. Aber ich freue mich richtig. Ja, ich freue mich einfach. Den werde ich mir schmecken lassen, weil der wirklich von Herzen kommt.

Wiebke

Jetzt wird's echt peinlich. Das hab ich noch nicht gesehen. Sich mit nem Kuchen an seinen Hals schmeißen. Das ist Fremdschämen in Reinkultur. Vera und ich wechseln einen kurzen Blick und jetzt ist uns alles klar, wir wissen nur noch nicht, wie wir das Cindy stecken werden, aber dass wir ihr irgendwie Bescheid geben müssen ist klar, das hat auch Vera gesagt. Ihr ist das wirklich wichtig. Sie sagt, sowas dürfen wir den Männern nicht durchgehen lassen. Ich glaube, sie hat Recht.

Vera

Ich sehe an Wiebkes Blick, dass sie, wenn es hart auf hart kommt, auf meiner Seite ist. Jetzt einen auf Kuchen-Hilde machen, um sich den Horst zu schnappen, das ist echt ekelhaft.

Gundi

Der Horst ist fast sowas wie ein lieber Onkel für Karlchen geworden (ich vermeide absichtlich das Wort „Ersatzvater", das wäre nicht angebracht). Aber ohne ihn wäre Karlchen nie und nimmer beim Fußball geblieben. Als ich mein Studium geschmissen hatte, um damals zu Gerd nach Obenplatenbüttel zu ziehen, da dachte ich, ich habe es geschafft. Gerd war hier groß im Kartoffelgeschäft und so etwas wie Dorfprominenz. Mir fehlte es an nichts und ich hatte schnell nen echt guten Stand in Obenplatenbüttel. Mein Vater hielt Gerd immer für einen „Patriarchen alten Schlags", wie er sich ausdrückte. War mir nie aufgefallen. Erst als Karl mit seinen Schulfreunden zum Fußball wollte, hatte ich bemerkt, was er meinte. Gerd fand Fußball „prollig" und „niveaulos". Als Vorwand schob er immer vor, dass man sich auch schwer verletzten könne und nannte gleich jede Menge Schulfreunde, die seit ihrer Jugend schwer behindert seien, weil sie diese Art von Freizeitsport gewählt hatten. Horst hat den Gerd dann solange beschwatzt, dass er endlich zum Training kommen durfte. Dort wurde er schnell einer der Besten, aber Gerd verbot ihm weiterhin an

Punktspielen teilzunehmen. Da konnte auch ich nichts ausrichten, weil Gerd keinen Zweifel ließ, wer der Wichtigere im Dorf sei und dass er ja schon bezüglich des Trainings nachgegeben habe.

Horst

Wir studieren ein paar Situationen für Samstag ein und machen am Ende ein lockeres Spiel. Aber so weit ist es noch nicht. Warum heute wirklich *alle* Muttis (selbst die Gundi, die eigentlich immer zu tun hat, bleibt, nachdem sie mir den Kuchen gegeben hat!) zuschauen, wundert mich schon. Der Andi sitzt ja sowieso immer debil in der Ecke, aber hoffentlich erwarten die Muttis jetzt nicht von mir, dass beim Training irgendetwas Spektakuläres passiert.

Gundi

Den Horst hab ich schon gern. Vielleicht sollte ich auch einfach mal zuschauen, wie er mit den Kindern trainiert. Das habe ich früher öfters gemacht, aber seit Gerd mit der Praktikantin zusammengekommen ist und ich jetzt allein für Karl verantwortlich bin, fehlt mir dafür oft die Zeit. Vor allem, weil ich auch jede Arbeit annehme, um nicht von Gerds Almosen abhängig zu sein.

Vera

Eigentlich wollte ich während des Trainings schnell die Einkäufe erledigen, aber wenn unsere beiden Turteltäubchen hier bleiben, muss ich auch dabei bleiben.

Wiebke

Vera hat mir alles erzählt. Wir verabreden uns für morgen, um den Film, den sie gedreht hat, zu sichten und zu verwerten.

Hilde

Ich sitze jedes Training hier. Man weiß ja nie. Der Andi sitzt auch jedes Training hier, aber am anderen Ende der Halle, wir wüssten eh nicht, worüber wir reden sollten. Warum jetzt die ganzen anderen hier noch aufgetaucht sind, weiß ich auch nicht. Ob die auf einmal ihr Gen für Mutterliebe entdeckt haben? Kann ich mir eigentlich nicht vorstellen. Egal. Gilbert sieht unglücklich aus. Ob er sich gerade überfordert? Er schaut kurz auf den rechten Oberschenkel, das muss ich im Auge behalten.

Gundi

Der Horst ist echt ein Netter. Keine Ahnung, ob er mich überhaupt als Frau oder nur noch als Fleischreiaushilfsverkäuferin wahrnimmt. Letztes Jahr beim Mannschaftssommerfest hatte er mir schon einmal so gut gefallen, wie heute. Damals hatte ich das darauf geschoben, dass ich drei Bier intus hatte und ich gerade dachte, dass ich Gerd endgültig hinter mir gelassen hatte. Aber bevor ich auf dumme Ideen kommen konnte, mit denen mir Cindys Feindschaft sicher gewesen wäre, war er dann recht lange verschwunden, um irgendwas mit dem Frühstück zu regeln. Die Kinder hatten sich schon mit ihren Schlafsäcken ins Vereinsheim gelegt und ich blieb noch länger mit Wiebke und zwei total besoffenen Vätern draußen sitzen, als erst Vera, die ich bis dahin gar nicht vermisst hatte, und ein paar Minuten später Horst wiederkamen. Keine Ahnung, ob nur mir das komisch vorkam, aber niemand sprach darüber, nur Hilde fing in dem Augenblick an, wie gestört noch ein paar Würste auf den Grill zu werfen. War ne komische Situation.

Vera

Das passt mir gar nicht. Bei den Standards führt immer Karl aus. Das wird doch wohl nicht die Regel, dass Horst sich auf ihn als Spielmacher verlässt. Daran könnte selbst eine erboste Cindy nichts ändern. Ich brauche einen Plan B.

Wiebke

Zur Zeit profitiert nur Vera von unserem Tun. Melvin ist noch immer nicht im Training und wir kümmern uns nur um Karl und Sönke. Heute abend treffen wir uns wieder, um unser weiteres Vorgehen abzustimmen. Aber vorher muss ich noch nach Hause, um zu telefonieren.

Mittwochabend 19 Uhr

Wiebke

„Ja, Frau Lokvenz-Verhoven, das ist wirklich nicht meine Art, ich weiß auch nicht, wie ich es ihnen sagen soll, mir ist das echt peinlich, aber ich denke, das ist meine Pflicht, wissen sie, ich konnte schon wochenlang nicht schlafen, aber jetzt muss es raus."

„Nein, Frau Lokvenz-Verhoven, es geht nicht um Melvin – ja, dem geht's schon viel besser – ja, wir haben alles aufgearbeitet – nein, es geht um Sönke."

„Ja, Frau Lokvenz-Verhoven, ich verstehe – ich möchte ja auch nichts von ihnen jetzt hören, ich weiß, dass sie da nichts sagen dürfen, aber ich möchte ihnen nur meinen Eindruck mitteilen."

„Ja, Frau Lokvenz-Verhoven, ich mag ihn ja auch und seine Mutter ist auch eine gute Freundin von mir, deshalb wäre ich dankbar, wenn das Gespräch unter uns bliebe."

„Es ist Folgendes, Frau Lokvenz-Verhoven, ich glaube, der arme Sönke steht ganz schön unter Druck. Seine Mutter merkt das gar nicht, was sie ihm da antut, aber er muss echt viel für die Schule tun und bei den Hobbys duldet seine Mutter auch keine halben Sachen."

„Ich glaube Fußball, Frau Lokvenz-Verhoven"

„Ja, das meine ich, vielleicht sollte er mal etwas halblang machen, wegen der Gesundheit schon allein, nicht dass er noch ein Burnout hat, bevor er aufs Gymnasium muss."

„Ja, wäre schön, wenn sie mal ein Auge drauf hätten."

„Aber klar, das ist doch meine Aufgabe als Elternvertreterin."

Ich lege auf. Das Gespräch war erfolgreich. Vielleicht nicht mehr für die Hallenrunde, aber man muss ja schon die Freiluftspielzeit im Blick haben.

Mittwochabend 20 Uhr

Wiebke und Vera

Die Aufnahmen sind grottenschlecht – selbst wenn man weiß, was man sehen können soll. Das heißt, es bedarf zusätzlich eines anonymen Schriftstücks, das die Aufnahmen interpretiert. Im Zeitalter der Laserdrucker wäre der klassische Erpresserbrief aus ausgeschnittenen Buchstaben eigentlich gar nicht mehr zeitgemäß. Damals im „Schultütenclub" hatten wir allerdings schon gemerkt, wie gerne wir beide basteln. So stand es außer Frage, dass dieses hinterhältige Schriftstück über dieses hinterhältige Miststück mit einem Mindestmaß an Sorgfalt gefertigt würde. Wir suchten möglichst unterschiedlich große Buchstaben aus möglichst unterschiedlichen Zeitungen und Prospekten zusammen, bis wir auf einem A3-großes Blatt die kurze aber knackige Botschaft zusammen hatten: „Horst treibts mit Gundi an der Windmühle"!

Jetzt noch schnell die DVD gebrannt und mit einem Klebe-Etikett versehen. Dafür haben wir extra ein Bild aus dem Film herausgeschnitten, welches wir auf das Klebeetikett gedruckt hatten. Das macht Andi auch immer so nett. Also, das kann er zumindest.

Die ganze Aktion hat etwa drei Stunden gedauert. Sicher, das wäre auch schneller gegangen, aber so hatten wir noch die Möglichkeit einzwei Prosecco zu trinken. Zufrieden lehnen wir uns zurück.

Donnerstag

Vera

Im Sommer hatten wir es fast einmal geschafft. Das war der Plan: Sönke sollte immer besonders eifrig trainieren und sich bei Horst anbieten und ich schalte Karl aus. Soweit die Theorie. Horst hat Sönke immer öfters gelobt, während jedem auffiel, dass Karl in seiner Selbstverliebtheit immer träger und gleichgültiger wurde. Er war sich zu sicher in seiner Position und das war unsere Chance. Der Plan sah folgendermaßen aus. Während seiner kurzen Sprints, die ausnahmslos im Mittelfeld nahe der Außenlinie stattfanden (wir hatten Andis Videomaterial der letzten Jahre nächtelang genau studiert!) gab er noch immer Gas. Und genau dort sollte während eines Punktspiels mein Einsatz kommen. Beiläufig auf einer Picknick-Decke eben dort postiert lauerte ich mit dem Stiel des Sonnenschirms, um einen dieser Sprints jäh zu unterbrechen. In Pannenfilmen im Internet studierte ich mögliche Fallwinkel und Flugweiten und postierte an den möglichen Einschlagstellen Thermoskannen aus Edelstahl, Klapphocker, Lunchboxen und allerlei anderes unauffälliges Zeug, was man immer am Sportplatz dabei haben könnte. Einmal verwickelte ich meine Ex-Nachbarin Judith, die zufällig am Sportplatz vorbeikam, extra in ein Gespräch, damit Karl, wenn er sich denn im Gestänge meines Sonnenschirms verfangen hätte, direkt in den Kinderwagen mit ihrem Neugeborenen gefallen wäre. Ja, es hat nie geklappt – hätte es aber!

Sicher! …hätte nicht der NFV zu Saisonbeginn eine sogenannte „Elternzone" eingerichtet, was nichts anderes bedeutet, als dass zwischen Zuschauern und Spielfeld ein etwa fünf Meter breiter Streifen frei bleiben muss, um ein Eingreifen von Eltern und Zuschauern ins Spielgeschehen zu verhindern. Hallo??? Merkt von denen noch einer was?? Das hier ist nicht Premier-League! Das ist lediglich die E-Jugend im Landkreis Elmborn! Was soll denn da passieren? Merken die überhaupt noch was?

Andi

Früher stand Claudius mal im Tor. Eigentlich war er selbst im Tor schlecht, weil er für alles viel zu träge war. Aber ich stand immer stolz hinter ihm, weil beim Kinder- und Jugendfußball eigentlich immer einer hinterm Tor steht. So hab ich Claudius immer den Rücken gestärkt. Wir waren echt ein tolles Team. Damals habe ich mir sogar – als neue Trainingsanzüge gekauft wurden – eine Jacke bestellt, wo *Jugendabteilung Obenplatenbüttel* draufstand. Ich war ja schließlich sowas wie der Torwarttrainer von meinem Claudius. Am schönsten war aber der Blick aufs Spielfeld. Mittendrin statt nur dabei, wie es immer so schön hieß. Was könnte ich am Samstag Aufnahmen machen, wenn ich die gleiche Position wieder hätte!!!

Einmal konnte ich sogar mal so richtig ins Spiel eingreifen, war wirklich nicht mehr nur „dabei", sondern wusste, wie es sich anfühlt, einer von denen *auf* dem Platz zu sein. Claudius stand im Tor und es gab in der letzten Minute einen Elfmeter. Das klingt spannender, als es war, weil unsere Jungs gegen wer weiß wen schon 13:0 hinten lagen. Der Schütze lief an und schoss platziert, aber halbhoch links (von ihm aus), woraufhin Claudius – gespannt wie ein Flitzebogen - *nichts* machte. Er schaute noch nicht einmal dem Ball hinterher. Er blieb in seiner ganzen Trägheit in der Mitte stehen und „saß" quasi den Strafstoß aus. Allerdings hatte er damals die Rechnung ohne mich gemacht. Ich stand rechts hinter Claudius direkt am Torpfosten und – mit einer

Bewegung, die in ihrer Geschwindigkeit für mich recht ungewöhnlich war, griff ich mit der linken Hand (die, in der nicht die Kamera ruhte) kurz aufs Spielfeld und fischte den Ball noch vor der Torlinie weg. Der Schütze war der einzige, der es so richtig mitbekommen hatte, was da passiert war. Seine Unterlippe zitterte, als er sich zum Schiedsrichter wandte, und ihn fragend anglotzte. Ich war dann so kulant, dem Schiri mitzuteilen, dass es ein reguläres Tor war, aber gemerkt hätte es keiner, darauf würde ich schwören. Aber die kleine Ratte, die ihr erstes Tor ausgerechnet gegen meinen Sohn schießen wollte, wusste dann endgültig, wo sie in der Nahrungskette steht. Ich habe den Jungen nie wieder auf einem Fußballplatz gesehen. Diesen Platz hätte ich gerne wieder. Diesmal nicht als Torwartbetreuer, sondern als Kriegsberichterstatter. Das könnte das letzte Finale sein, an dem Claudius teilnimmt. Es wäre schade, wenn wir davon nur unbrauchbares B-Material hätten.

Horst

Super. Einmal nehme ich mir Zeit, Daisy ins Bett zu bringen, da klingelt das Telefon. Das Handy hatte ich extra ausgemacht, weil meine Freunde und meine Kollegen eigentlich nur *die* Nummer kennen, aber dann klingelt das Festnetz. Warum hatte ich die Nummer auch auf der Mannschafts-Telefonliste? Andi ist dran, schleimt sich ein, erzählt irgend ne Geschichte von früher und von seiner alten Jacke und fragt, ob er nochmal vorübergehend den alten Posten wiederhaben könnte. Ist mir egal, weil ich mir sicher bin, dass er ohnehin seine Klappe hält. Eigentlich sagt er meistens nur „Hallo" und „Tschüss", aber auch nicht immer, deshalb glaube ich auch nicht, dass er Samstag unten hinterm Tor stören wird.

Freitag

Abschlusstraining

Vera

Sönke hat genaue Anweisungen. Mit der Stoppuhr allein werde ich ihn nicht mehr auf die Spielmacherposition bekommen. Das heißt auch, dass er wohl nicht die Kapitänsbinde beim Finale tragen würde. Melvin ist zwar wieder zurück und wird wohl auch der Mannschaft helfen können, aber durch seinen Trainingsrückstand wird Sönke noch die Nase vor ihm haben.

Wiebke

Melvin sieht glücklich aus. Eigentlich hat er noch eine Woche striktes Sportverbot, aber ich habe ihm versichert, dass er wieder gesund genug sei, um morgen wieder den Stützpunkttrainern sein Talent unter Beweis zu stellen. Sönke ist in Hochform.

Zumindest läuferisch ist er heute unschlagbar. Wenn er morgen genauso rennt, dann können wir zufrieden sein. Besonders engagiert geht er beim Abschlussspiel an Karl ran, nimmt ihm einmal sogar den Ball vom Fuß, um direkt aufs Tor zu schießen. Dabei spielen beide in der gleichen Mannschaft.

Horst lacht über so viel Motivation, bis Sönke ihm bei einem mannschaftsinternen Zweikampf so in die Beine hüpft, dass Karl schreiend am Boden liegen bleibt.

Vera

Absolute Ruhe in der Halle. Ungläubig starren alle Sönke an. Darauf habe ich ihn vorbereitet.

Trotzdem schaut er hilflos zur niedrigen Holzbank, wo ich sitze und niemand sieht, wie ich ihm heimlich zuzwinker.

Horst

Scheiße, ich glaube, ich habe die Jungens zu dolle motiviert. Hoffentlich kann Karl morgen spielen. Das darf nicht wahr sein. Sönke steht teilnahmslos dabei, als wir uns um Karls Bein kümmern.

Vera

Haha! Karl sitzt am Rand! Karl hält sein Bein! Karl spielt nicht mit! Und das beim Abschlusstraining! Wie Horst jetzt die Startelf neu sortieren wird, ist eigentlich Formsache.

Horst

Jetzt muss ich die Mannschaft irgendwie zusammenhalten. Mir fällt was ein.

Vera

Mir sackt alles in die Knie. Horst schickt Sönke zur Bank und sagt, er solle neben Karl sitzen, bis der wieder spielen könne. Und dann gibt er Melvin die Kapitänsbinde und setzt ihn ins zentrale Mittelfeld. Langsam muss ich mir auch Wiebke wieder vom Hals halten, wenn wir die Sache hinter uns gebracht haben. - Aber Horst hat soeben sein eigenes Todesurteil gesprochen.

Wiebke

Ja !!! Melvin ist wieder dabei!

Vera

„Denk dran, Wiebke, die Sache muss jetzt angehen!"

Wiebke

Auf dem Rückweg werfe ich das Päckchen, das wir Mittwoch gepackt hatten, bei Horst und Cindy ein. Weil Wochenende ist, sind wir sicher, dass Cindy morgen die Zeitung hereinholen wird. Vera überlässt nichts dem Zufall. Der braune Umschlag ist außerdem mit den Worten „Für Cindy – vertraulich!" beschriftet. Nur mit einfachem Filzer geschrieben, am Ende hatten wir keine Lust mehr, es zu übertreiben.

Finale

Samstag – Finalrunde

Horst

Der große Tag beginnt unter sonderbaren Vorzeichen. Alle Teams spielen sich in der Halle schon warm, während unsere Jungs in Unterwäsche auf den Kabinenbänken sitzen. Die Trikots sind noch nicht da. Ich gehe ungeduldig den Kabinengang auf und ab und versuche Robins Mutter anzurufen. Zuhause ist niemand. Vera hat die Handynummer, ich erreiche sie: „wir sind schon auf dem Parkplatz " und legt auf. Robin kommt mit dem großen Trikotkoffer in die Kabine gestürzt und hängt seine Jacke auf, ohne etwas zu sagen. Ich frage ihn: „Na, habt ihr verschlafen?", Robin: „Nee, wir haben noch Weihnachtskekse gebacken, hatten wir doch schon beim letzten Training gesagt....". Mir wird bewusst, wie schnell schon wieder der Erste Advent kam.

Wiebke

Die Neuelmkoter sollen zumindest auf den Rängen keinen Stich machen. Wir haben das Wettrüsten angenommen und sind neben Rasseln, Ratschen und Cheerleader-Puscheln auch mit Trillerpfeifen ausgerüstet.

Andi

Es hat geklappt. Ich habe meine alte *Jugendabteilung Obenplatenbüttel* – Jacke an und sitze beim ersten Spiel neben dem Tor. Die Jacke geht zwar nicht mehr zu, aber hier ist es ohnehin viel zu warm. Von hier aus kann ich die besten Aufnahmen machen. Und das gleich gegen Neuelmkot. Unser Lieblingsgegner. Mit unseren Pfeifen können wir die „Alismael" – Dauerrufe ganz gut übertönen. Alles klingt von hier unten recht beeindruckend.

Vera

Das sind gleich die ganz großen Emotionen. Die Neuelmkoter Eltern geben alles, die beiden türkischen Papis beschallen mit ihrem Dauer-Namen-Singsang die Halle, aber wir können jedes Mal wieder einen draufsetzen. Spätestens, als wir die Pfeifen einsetzen, verstummen selbst die beiden Bosporus-Papis. Eigentlich könnte man jetzt das Spiel anschauen, aber viel wichtiger ist es, die Reaktionen der Eltern zu beobachten, damit hier nichts in die falsche Richtung läuft.

Gundi

Derbyzeit. Wie erwartet müssen wir natürlich auch wieder gegen den SC „von hinter der Autobahn" ran. Ich will mich da eigentlich immer nicht reinziehen lassen, aber wenn wir wieder auf *die* treffen, fiebert man besonders mit. Ich unterhalte mich mit Jutta, deren Sohn mal bei uns gespielt hatte. Sie hatte sich damals – eigentlich wie fast alle Eltern irgendwann einmal - mit Horst überworfen, allerdings soweit, dass sie ihren Nils tatsächlich abgemeldet hatte und bei Neuelmkot angemeldet hatte. Das war für einige der Gipfel des Verrats. Selbst diejenigen, die sie anfangs noch unterstützt hatten, wandten sich von ihr ab. Es wäre statthafter gewesen, dass Nils eine komplett andere Sportart gewählt hätte oder sich bei den Hoffmannstalern im Nachbarlandkreis angemeldet hätte. Aber beim SC, das ging einigen Eltern zu weit. So wurde jedes Derby immer zu einer besonderen Frage der Ehre. Ich versuchte mich bezüglich Jutta davon frei zu machen und wir versuchten möglichst das Thema Fußball komplett auszusparen. Das ging zwar nicht immer, aber wir blieben zumindest in Kontakt. Zufälligerweise trafen wir uns direkt während dieser pikanten Situation auf der Tribüne. Wir schauten gemeinsam aufs Feld und versuchten möglichst neutral unsere Spannung zu verarbeiten. Ich nehme die misstrauischen Blicke der anderen Muttis wahr, halte ihnen aber noch stand.

Noch vor dem Anpfiff sagt sie glücklicherweise, dass sie dann mal wieder zu „ihren Leuten" gehen wolle und lässt mich gottseidank allein stehen, bevor ich noch komplett sozialen Selbstmord begangen hätte.

Wiebke

Vera hat gesagt, dass wir uns nicht noch mal so von den SC-Eltern ins Bockshorn jagen lassen sollten. Mit unserer neu gewonnenen Lautstärke hatten wir zwar im Vergleich zur Vorwoche Oberwasser, aber jetzt galt es, sie endgültig zu versenken.

Vera

Darauf haben wir uns schon die ganze Zeit gefreut. Ein Derby wird auf der Tribüne entschieden. Und wir sind gerüstet. Als Zielscheibe haben wir uns diesmal den Verräter Nils ausgesucht, der sich ja anscheinend zu fein für unsere Ersatzbank war. Es dauert eine halbe Minute, bis er zum ersten Mal am Ball ist, worauf wir kollektiv unseren im Vorfeld eingeübten „Judas-Judas-Judas"-Gesang zum Besten geben. Rons Mutter holt noch das eigens gefertigte Judas-Transparent aus ihrer Handtasche, welches sie aus einem Bettlaken und rotem Autolack gestern Abend nach dem Training noch gefertigt hatte. Der Spaß scheint ein wenig ins Leere zu laufen. Wir hatten nicht auf der Rechnung, dass ein deutscher Grundschüler im einundzwanzigsten Jahrhundert gar keinen blassen Schimmer von Judas und Co mehr hat.

Wiebke

Nils spielt unbeirrt weiter. Aus den Versetzungskonferenzen wusste ich, dass er in Religion auch keine Leuchte war, sondern genauso zum Durchschnitt gehörte, wie es sich für einen SC-Spieler gehörte. Aber die Mutter musste es verstehen. Die war im vorletzten Jahr bei den Konfirmanden ganz aktiv gewesen. Ich schaue mich um, ob sie noch bei Gundi steht, die anscheinend mal wieder mit allem und jedem Gut-Freund macht. Da steht sie aber nicht mehr. Plötzlich stürmt sie an uns vorbei, ruft, dass wir doch alles Nazis seien und verschwindet weinend Richtung Toilette. Ein paar neutrale Eltern in der Halle wenden sich angeekelt von uns ab, aber wenn man seine Kinder gegen Anfeindungen aus Neuelmkot verteidigen will, dann darf man sich auch nicht zu schade dafür sein, über die Grenzen der

Peinlichkeit hinaus seine Liebe für sein Kind kompromisslos rauszuschreien.

Horst

Das wird kein Spaziergang. Heute verdient das Treffen den Titel „Derby". Ich habe den Kindern in der Kabine heimlich jeweils ne Dose *Energy-Pro* zu trinken gegeben. Ich glaube, dass mein Gegenüber die gleiche Idee hatte. Seine Jungs gehen auch ab wie ein Zäpfchen. Und den Neuner kriegen wir nicht in den Griff. Der ist noch dermaßen angepiekst von letzter Woche, der will es uns so richtig geben. Aber jetzt spielt Karl steil auf Roland....

Vera

JAAAAAAAAA!!!!!!! Jetzt ist er drin und da drüben ist Ruhe. Die Papis rufen zwar noch obligatorisch, aber das klingt eher nach ner Pflichtübung, das sind Durchhaltesprüche Anno 1945.

Hilde

Dafür habe ich vorgesorgt („wenn einem gutes widerfährt...") und hole einen guten Kräuter-Holunder-Brand aus dem Körbchen. Darauf haben alle gewartet.

Horst

Jetzt kann Ruhe reinkommen, noch drei Minuten durchhalten, vielleicht noch nen Konter aus der gesicherten Abwehr heraus. Gleich werde ich Roland rausnehmen und für ihn Claudius bringen. Der kann zumindest im Weg stehen. Aber jetzt müssen wir erst einmal den Neuner stoppen, ah okay, hat den Ball gerade an Roland verloren, der könnte jetzt auf Jonas weitergeben.....

Gundi

Das war gemein! Der tritt einfach unseren Jonas um. Mensch war das fies! Das finde ich echt richtig gemein....

Vera

Die Sau! Das Schwein! Jetzt müssen wir wieder die Initiative ergreifen. Hilde greift hinter sich. Auch sie hat heute Nacht noch ein Schild gemalt, welches wir gleich an zwei Schirmen hochhalten.

Wiebke

Das Pappschild ist besser geworden, als ich dachte, und wir müssen es auch schneller rausholen, als ich dachte. Entsprechend der sechs großen mit Blutrot auf ein weißen Pack-Karton geschriebenen Buchstaben rufen wir im Chor „Mörder, Mörder, Mörder". Eine Neuelmkoter Mutter, vermutlich die Mutter des Neuners, versucht zu intervenieren, „aber das war doch nicht absichtlich, er ist doch nur ein Kind", aber wir lassen uns von solchen geschmacklosen Ablenkungsversuchen nicht beirren. Wir brüllen ihn nieder, bis er weint. Nein, er heult. Alle Dämme brechen. Er steht auf dem Platz und weint. Roland ist schon wieder aufgestanden und hat sich, während er zu Horst humpelt, ein wenig das Schienbein gerieben. Die anderen klatschen ihn ab, die Moral stimmt.

Horst

Unterbrechung, aber der Schiri – ein besonders klein gewachsener Teenager – hat nicht das Zeichen gegeben, die Uhr zu stoppen. Der andere Trainer kann auch nicht darauf aufmerksam machen, weil der hoch zu unseren Muttis keift und ich werde den Teufel tun, ihn darauf aufmerksam zu machen. Der Neuner heult, ich vermute auch, dass er gerade einnässt, aber das Spiel ist durch. Das Getümmel wird durch die Schlusshupe unterbrochen und wir haben den ersten Dreier.

Andi

Ich mache brillante Nahaufnahmen (wie ich finde), aber der Höhepunkt steht uns noch bevor: Elmborn! Endlich geht's los. Die Favoriten haben einen unglaublichen Zug aufs Tor. Sicherheitshalber schalte ich die Kamera auf standby. Gegentore mitfilmen bringt Pech, finde ich. Unsere Jungs sind noch gar nicht im Spiel, da stehen die schon zu viert vor unserem Tor.

Die Elmborner haben auch einen dicken Mann neben dem Tor sitzen. Der trägt nicht nur das gleiche Trikot wie die Jungs, er hat auch - genau wie ich - eigentlich keine Aufgabe, die sich dem Zuschauer erschließen würde.

Aber er hat etwas, was unsere Eltern und unsere Kinder sichtlich beeindruckt. Er hat tatsächlich eine

Trommel mitgebracht, um seine Mannschaft anzufeuern. Und das tut er.

Wiebke

Gottseidank haben die Elmborner eine Figur auf der Bank, die noch unwürdiger und lächerlicher wirkt wie unser Andi. Zum Fremdschämen ist allerdings keine Zeit, da die Emborner gleich ordentlich Gas geben.

Horst

„Gegenspieler!!!" – „Fuß vor!!" – „Raus, das ist Deiner!" Scheiße, ein Getümmel vorm eigenen Tor in den ersten Sekunden. Torwart geschlagen, der Ball rollt auf die Linie zu, Melvin stürzt sich viel zu spät in den Ball und grätscht ihn aus dem Tor, bevor er das Netz berührt hat.

Andi

„Scheiße!" Unsere Jungs drehen schon ab Richtung Anstoßpunkt, der Schiri pfeift und zeigt zum Mittelkreis. Ich schaue zu Horst rüber, der auf einmal gar nicht mehr so nett wirkt wie eben noch in der Kabine. Als wäre eben nichts passiert, brüllt er einfach immer weiter. Der Trommel-Fettsack kommt aufs Feld gelaufen, um den vermeintlichen Schützen zu herzen und brüllt gegen den gesamten Jubel an: „Ich könnt euch knutschen!! – Ich könnt euch alle knutschen!!"

Horst

„Geht zum Ball!!! – Das ist erst Tor, wenn der Schiri das Tor gegeben hat! Jungs, das gibt's doch nicht! Den haut ihr das nächste Mal gleich richtig weg, den Ball!"

Andi

Da die Elmborner jubelnd abgedreht sind, kann unser Torwart ungestört den Ball aufnehmen, Horst fordert ihn auf, einen Abstoß zu machen. Die Elmborener Eltern jubeln über die frühe Führung. Der Schiri schaut verblüfft zu Horst. Der wiederum signalisiert ihm „Kein Tor!"

Gundi

Mist, ich habe nicht hingeschaut. War vielleicht auch gut so. Die Elmborner jubeln gewohnt früh, aber Horst bleibt ganz ruhig. Wir sind nicht geordnet in unserem Vorgehen auf den Rängen. Wie ein Orchester, das auf den Einsatz des Dirigenten wartet, starren wir auf Horst, um aus seinen Gesten herauszulesen, was wir lautstark fordern sollen.

Andi

Horst hat den einzig möglichen Grund gefunden, weshalb dieses Tor nicht zählen könnte, ohne den Evergreen „Abseits" vorkramen zu müssen, den es erst ab der D-Jugend gibt. Mit etwa fünfzehn Zentimeter auseinander senkrecht stehenden Handflächen bedeutet er dem Schiri eine Entfernung. Ich höre nur die magischen Worte:

Horst

„…Nicht in vollem Umfang….". „Der Ball muss in vollem Umfang die Linie überschritten haben…."

Wiebke

Jetzt geht's los! Wir wissen jetzt, worum es geht. Die Elmborner Eltern stürmen jetzt ihrerseits an die Reling der Tribüne und zeigen mit ihren Handflächen unterschiedlich große Abstände an, die der Ball angeblich im Tor gewesen sein soll. Wir reagieren und deuten mit der gleichen Geste deutlich kleinere Strecken an, um den Schiri vom Gegenteil zu überzeugen.

Horst

Der Schiri, bei dem wir schon in der Freiluftsaison gemerkt hatten, dass er nervös auf Lautstärke reagiert, als er einmal Sönke vom Platz stellen wollte, pfeift das Spiel noch nicht wieder an, sondern kommt zu mir, um mich zu fragen, ob der Ball im Tor gewesen sei. Ich schaue ihm in die Augen und versichere ihm, dass er die Linie nicht vollständig überschritten habe. Wir haben Abstoß, auf der linken Tribünenseite ist die Hölle los, rechts oben, wo unsere Eltern sitzen, kommt ein zaghafter erleichterter Applaus.

Andi

Kein schönes Spiel, aber wir halten den Punkt fest. Das wird uns am Ende nichts bringen, aber das ist ein gefühlter Sieg.

Horst

Nach dem Spiel kommt mein Gegenüber zu uns in die Kabine: „Das hat mit Fairplay nichts zu tun!" Ich antworte ihm, dass ich alles zugegeben hätte, wenn es denn ein Tor gewesen wäre. Es kommt die übliche Hasstirade gegen Obenplatenbüttel, aber ich bleibe standhaft. „Glaubst doch wohl nicht, dass wir das nötig hätten, sowas gegen Euch zu machen? Gegen *euch*??? Jetzt bleib mal auf dem Teppich, hast das wohl von damals noch nicht verkraftet, oder?"

Darauf entgegnet der, dass ja wohl *ich* derjenige sei, der damals etwas zu verkraften gehabt hätte.

Andi

Ich muss eine rauchen. Draußen erwarten mich die anderen und wollen Details wissen. Ich genieße es, dass mir die anderen mal zuhören. Die meisten nehmen mich noch nicht einmal wahr, aber jetzt ist meine Stunde gekommen. Stolz gebe ich Horsts Worte wieder „Tor ist erst, wenn der Schiri es gibt, und die Eltern motzen doch sowieso immer, ob der Ball jetzt im Tor war, oder nicht...", und nicht nur wenn der Ball so weit im Tor ist, wie er eben war und zeige (um den Triumph noch perfekter zu machen) eine besonders weite Spanne, die der Ball die Torlinie überschritten habe.

Vera

Andi bestätigt, was wir alle befürchtet hatten, aber das ging nochmal gut. Leider stehen auch andere

Eltern um uns herum und hören Andis Ausführungen. Der ist aber auch echt doof, der stumpfe Dumpfkloß. Als die wieder irgendwas unwichtiges von „Fairplay" und „Vorbildfunktion" von sich geben, platzt mir der Kragen. „Ihr glaubt wohl, das hätten wir nötig??!! – Ihr macht euch doch lächerlich!!!" Wir werden wohl keine Freunde mehr in diesem Leben, aber den Punkt haben wir!

Karl

„Sag mal Horst, was war denn jetzt eigentlich damals sechsundachtzig, irgendwann musst dus uns sagen", sage ich so entschlossen, wie ich es gerade so schaffe, als die anderen schon alle auf die Tribüne gegangen sind, um dem nächsten Spiel zuschauen zu können. Er schaut mich an und sagt: „Eigentlich nichts. Wir standen im Finale des Niedersachsen-Pokals. Die meisten Trainer, die Du hier heute siehst, auch - nur auf der anderen Seite." Ich verstehe noch nicht ganz und frage, obs ne üble Klatsche gab oder so, aber Horst ist für seine Verhältnisse recht kurz angebunden, fast schweigsam. Er schaut ab und an an die Decke und scheint sich jedes Wort zu überlegen. Ich frage nicht noch einmal, aber glaube verstanden zu haben, weil ich schon oft Bemerkungen gehört hatte, die in eine Richtung gingen. Da beginnt er auf einmal wieder von alleine zu sprechen: „Das wäre mein wichtigstes Spiel..., ich wusste von einem Bekannten, der es schon geschafft hatte, dass ich bei 96 auf der Liste stand und ich wusste, dass jemand da sein würde und ich an diesem Tag um meine Zukunft spielen würde." „Und du hast direkt Rot gesehen, wie so oft?" unterbreche ich ihn. – „Nein, ich habe mich beim Aufwärmen verletzt und konnte einfach nicht mitspielen. Wie gesagt, eigentlich ist damals wirklich nichts passiert. Wir wurden NFV-Cup-Sieger, ich habe auf Krücken mitgejubelt, aber gefreut hatte ich mich nicht." Dann sagt er, dass wir übernächstes Spiel wieder dran wären und dass er bis dahin nochmal was zu regeln hätte und verschwindet im Kabinengang.

Wiebke

Als wir alle wieder reingehen, kommt auch Cindy zur Halle und fragt uns, ob wir wüssten, wo Horst ist. Wir vermuten, irgendwo unten im Organisationsbüro, beim Schiri oder aufn Plausch mit Mike und Franz im „Regieraum". Sie kommt notgedrungen mit auf die Tribüne, ist aber recht zurückhaltend.

Andi

Na, das war nichts von mir da draußen, aber das müssen wir jetzt so durchziehen. Von uns wird keiner jemals mehr eine andere Meinung vertreten, als dass der Ball nie und nimmer vollständig im Tor war. Das müssen wir nicht absprechen, das ist jedem unausgesprochen klar.

Hilde

Hui, das war wieder witzig. Unsere Jungs waren zwar viel schwerfälliger als letzte Woche und wir waren mit dem torlosen Unentschieden gut bedient, zur Feier des moralischen Siegs hole ich aber gleich die Zwei-Liter-Pump-Kanne Jagertee aus dem Pick-Nick-Korb. Jetzt war alles egal, der Rest wäre lediglich das Sahnehäubchen auf einem durch und durch gelungenem Nachmittag.

Vera

Beim vorletzten Spiel kippt die Stimmung leider komplett. Ein Brecher von Einssiebzig (wir sollten auf jeden Fall nachher den Spielerpass kontrollieren) läuft ungebremst in Karl und er bleibt schreiend liegen. Nach dem üblichen Prozedere auf den Rängen merken wir, dass er wirklich nicht mehr mitspielen kann. Ein wenig memmig war der kleine Prinz ja schon immer gewesen, aber ich finde, dass er es jetzt eindeutig übertreibt.

Wiebke

Yeeeeessss!!!! Horst reagiert absolut richtig. Nachdem er Karl vom Platz getragen und der eilig nach unten stürmenden Gundi überreicht hat, gibt er die Kapitänsbinde an Melvin weiter, sagt ihm, dass er jetzt zentral spielen soll und schickt an seiner Stelle Jonas in die Verteidigung aufs Feld.

Vera

Ich glaube, dem hat doch einer ins Gehirn geschissen. Meinetwegen soll Melvin ins Mittelfeld, aber die Kapitänsbinde gehört einzig und allein Sönke. Schon allein wegen des Trainingsvorsprungs von über 480 Minuten!

Andi

Viel zu filmen hatte ich nicht mehr. Irgendwie war der Wurm drin. Minimalziel Endrunde erreicht und dann wieder im Mittelmaß steckengeblieben. Elmborn wurde wie immer Kreismeister und wir waren durch das überraschende Unentschieden das einzige Team, das ihnen einen Punktverlust zufügen konnte. Irgendwie waren wir trotz allem stolz.

Horst

Jetzt sehe ich sogar Cindy auf der Tribüne. Das ist schön, dass sie auch vorbeischaut. Eigentlich „hat sie vom Fußball genug" wie sie seit zehn Jahren betont. Seit ich selbst nicht mehr spiele, dachte sie, ich würde nicht mehr so viel Zeit dem Verein opfern. Aber seit ich damals eigentlich nur übergangsweise die untere G übernommen hatte, verbringe ich noch mehr Zeit hier als vorher. Sie wirkt aber ein wenig angespannt. Wahrscheinlich hatte Daisy mal wieder gebockt, als sie was für die Schule machen sollte.

Andi

Zur Siegerehrung stehe ich wieder oben, weil ich die von da aus einfach besser filmen kann. Für uns gabs zwar wieder nichts zu holen, aber wir bekommen noch nachträglich die Urkunde für den Staffelsieg. Aus Höflichkeit klatschen ein paar unbelehrbar romantische Sportsmänner bei allen Teams, „weil sich das so gehöre", nur als wir aufgerufen werden, ist es erschreckend ruhig. Eigentlich hätten zumindest unsere Eltern frenetisch jubeln müssen, aber alle sind von Cindy abgelenkt, die sich ihren Weg zu Gundi durchkämpft, die einfach da sitzt und den verletzen Karl im Arm hält.

Vera

Meine Ohren hören zwar, dass unsere Jungs gerade aufgerufen wurden, mein Kopf kann die Information aber nicht schnell genug verarbeiten, weil ich unbedingt verfolgen muss, was zwischen Cindy und Gundi jetzt passiert. Ich habe da seit Tagen schon ganz genaue Vorstellungen.

Hoffentlich schwenkt Andi die Kamera nach hinten. Was da passiert, will ich auf ewig in Bild und Ton festgehalten wissen. Cindy steigt über die Tribünenbänke direkt auf Gundi zu, die als einzige noch nicht mitbekommen zu haben scheint, was hier passiert und als einzige unseren Jungs zum Staffelsieg zuklatscht. Cindy brüllt Horst an: „Du Schwein, ich weiß, was zwischen dir und dieser Schlampe läuft!"

Horst

Das habe ich immer befürchtet. Irgendwann wird Cindy mich darauf ansprechen. Ich habe monatelang nach der richtigen Erklärung gesucht, um nicht noch mehr Porzellan zu zerschlagen, als unbedingt notwendig ist, aber es bleibt mir wohl nur die Wahrheit.

„Es tut mir leid, Cindy, was damals beim Sommerfest passiert ist!" rufe ich so laut ich kann auf die Tribüne hoch. Das können ruhig alle hören. Wer Mist gebaut hat, sollte auch dazu stehen, sag ich immer.

Wiebke

Dass sich Horst jetzt so zum Arsch macht, das hat er nicht verdient, obwohl ich ehrlich gesagt keine Ahnung habe, wovon er redet. Cindy offensichtlich auch nicht. Sie verliert an Fahrt und schaut dann verwirrt zwischen Gundi und Horst hin und her. Aber der spricht völlig ungerührt weiter, während es in der Halle plötzlich mucksmäuschenstill wurde.

Horst

„Ja, eigentlich hatte ich gewusst, was Vera wollte, als sie mit mir im Sommer schon mal das Frühstück vorbereiten wollte. Sie sagte „der alten Zeiten wegen", aber du brauchst keine Angst zu haben, ich war viel zu voll, als dass etwas hätte passieren können, es tut mir wirklich leid!"

Gundi

Als ich mich dann nach hinten umdrehe, um zu sehen, wer dort schreit, steht Cindy recht dicht hinter mir, ich hatte gar nicht gemerkt, dass sie auch da war, aber sie wendet den Blick von mir ab und brüllt Horst an. Der Wortwechsel scheint meine Erinnerungen an den Saisonabschluss zu bestätigen, weshalb ich nicht so überrascht bin wie Cindy.

Eigentlich ist niemand überrascht - außer Cindy. Und Vera!

Vera

Warum ist dieser Schwachkopf, der sogar zu doof ist, sich unfallfrei aufzuwärmen, denn auch zu doof, einfach mal die Fresse zu halten?

Hilde

Cindy nimmt wieder Fahrt auf, aber sie dreht von Gundi ab und steuert auf Vera zu. Zu schnell für Vera, die völlig unvermittelt Cindys Faust mitten ins Gesicht bekommt und ungebremst auf der Sitzreihe hinter ihr landet.

Dann reißt Cindy blitzschnell die Zwei-Liter-Pumpkanne hoch, um diese mit dem flachen Boden zuerst in Veras Gesicht zu rammen.

Wiebke

Hilde springt dazwischen „Nicht mit meiner Pumpkanne" und versucht Cindy daran zu hindern, Vera den Garaus zu machen. Plötzlich taucht auch wieder Jutta mitten in unserem Fanblock auf, um Hilde davon abzuhalten, Cindy aufzuhalten.

Die hat Nerven, hier so mir nichts dir nichts durch unsere Reihen zu spazieren.

Andi

Immer das Gleiche. Verwertbare Bilder und mir gehen wieder die Akkus aus. Ohne mein Blick von Cindy mit Hildes Thermoskanne abzuwenden, frage ich eine neben mir stehende Mutter aus Elmborn nach Ersatzakkus. Die wühlt geistesabwesend in ihrer Jackentasche, ohne den Blick von den beiden abzuwenden, hat aber keine.

Gundi

Ich erahne eben erst, was gerade passiert. Ich lege meine Arme schützend um Karlchen, der wegen des Zustandes seines Knies lieber mit einem Kühlkissen oben auf der Tribüne bleibt, als an der Ehrung teilzunehmen. Plötzlich wird das sonderbare Schauspiel, dem alle mit einem fast gespenstischen Schweigen gefolgt waren, durch einen durchdringenden spitzen Schrei unterbrochen.

Wiebke

Aaaaaaaaahhhhhhhhhh! Meeeeeeelviiiiiiieeeen!!!!! Stehhhhhh auf!!!!!!!! Biittteeee, mein kleiner Melvin.

Horst

Scheiße, Melvin ist umgeklappt und keiner weiß, wie lange schon. Alle rennen wie die wilden Hühner im Kreis, die Mannschaften, die angetreten waren, werden nach und nach von den Betreuern in ihre Kabine geführt, irgend jemand sagt, er sei Arzt, „Atmung", „Puls", Rettungswagen, Trage, Sanis in Roten Jacken. Das volle Programm halt.

Andi

Den Rest der Siegerehrung hat keiner mehr so recht mitbekommen. Vielleicht fand er auch gar nicht mehr statt. Egal. Irgendjemand kam dann auf die Idee, den Kindern aus der Mannschaftskasse bunte Tüten zu kaufen. Die Idee kam recht gut an. Ich schlug noch vor, wir könnten noch mit allen zu McDonalds fahren, aber einige hatten schon zuhause Essen vorbereitet. Blöd, wenn manche Leute einfach nicht spontan sein können. Horst sagte, er müsse ohnehin noch mal mit Cindy reden.

Epilog

Sonntag

Hilde

Die Hallenrunde ist vorbei. Ob unsere Weihnachtsfeier nächste Woche stattfindet, steht noch in den Sternen, aber bislang hat sich die Stimmung immer wieder schnell beruhigt. Vielleicht ist es ja gut, dass Mittwoch das Training ausfällt und wir uns mal fast eine Woche nicht sehen. Melvin scheint durchzukommen, sagen die Ärzte (hab ich von einer Freundin ausm Back-Zirkel, die im Krankenhaus arbeitet) und wird wohl wieder irgendwann Fußball spielen können. Das steht bei Karl noch nicht sicher fest, aber die Ärzte konnten wohl sein Bein zumindest retten. Ich freue mich schon wieder auf die kommende Freiluftsaison. Die macht Gilbert besonders viel Spaß und um den Spaß der Kinder geht es ja schließlich beim Fußball.

Da sind wir Eltern uns immer alle einig!

Danksagungen

Besonderer Dank gilt

Jörg Schulz, der das Werk aufmerksam korrigiert hat,

Glenn Wilke, der mir die Zeichnungen der
Charaktere überließ

und

Bettina Weiß, von der die Kaltnadelradierung auf
dem Umschlag stammt.

(mehr unter: www.bettinaweiss.net)

Ebenfalls vom Autoren erschien:

- Broschiert: 152 Seiten

- Verlag: Books on Demand; Auflage: 1 (8. August 2012)

- Sprache: Deutsch

- ISBN-10: 3848218607

- ISBN-13: 978-3848218608

Das neue Büchlein

Der Tag, an dem ich den Krieg überlebte

eine andere Kriegskindheit in sieben Kapiteln

ist ab gratis im Downloadbereich

bei

georghoeslerweiss.jimdo.com

erhältlich.

***

Der Kurzroman

Abitreffen

ist in gedruckter Form direkt beim Autoren
erhältlich.